Sisyphos
oder Das Ende der Ewigkeit
Ein Theater um den Menschen
Hans von Holt

SISYPHOS

ODER
DAS ENDE DER EWIGKEIT

Hans von Holt

EIN THEATER UM DEN MENSCHEN

EINE ERNSTE KOMÖDIE

Bibliografische Information der Deutschen Nationalbibliothek:
Die Deutsche Nationalbibliothek verzeichnet diese Publikation in der
deutschen Nationalbibliographie; detaillierte bibliographische Daten sind im
Internet über dnb.dnb.de abrufbar.

Lektorat Art Sound & Design
Coverbild Rosie von Holt
Herstellung und Verlag: BoD – Books on Demand, Norderstedt
ISBN 978-3-7562-1409-9
www.vonholt.ch
autoren@vonholt.ch

IM GEDENKEN AN DIE GRIECHISCHE SEELE
UND DIE IMMENSE LEISTUNG,
DIE SIE FÜR DIE MENSCHHEIT ERBRACHTE.

Alles, was wahr ist, war schon immer wahr
Alles, was Du suchtest, war schon immer da
Nichts, was Du siehst, ist das, was es ist
Nichts, was Du trennst, ist das, was Du bist
Erkenne Dich selbst

Das Orakel von Delphi

VORWORT

Sisyphos ist eine Geschichte des Menschen, des Menschen schlechthin, oder besser, des europäischen Menschen. Für die anderen kann ich nicht sprechen. Eine mögliche Geschichte. Eine der möglichen Geschichten, die immer wieder ausprobiert wird. Also eine ganz wirkliche Geschichte. Das scheint ein Phänomen dieser Geschichte zu sein, ihre Wirklichkeit.

Die Wirklichkeit zum Beispiel, etwas unendlich zu wiederholen, auch dann noch, wenn die Sinnlosigkeit offensichtlich geworden ist. Etwas unendlich zu wiederholen, nur weil es gewohnt ist, und weil die gewohnte Plage sich sicherer anfühlt als eine ungewohnte Freiheit. **Eine hochaktuelle Geschichte.** Die Freiheit des Menschen, unfrei zu sein. Die Freiheit, sich Göttern zu unterwerfen, die mit ihrem Urteil die Bedingungslosigkeit des Lebens verbannen. Welch eine Geschichte.

Es ist auch eine Hommage an die griechische Seele, die sich mit heldenhaftem Mut um diese unmögliche Geschichte verdient gemacht, und die sich all diesen Polaritäten gestellt hat, ohne sie in Gegensätzlichkeiten abzuspalten. Die das Verdienen in allen Varianten durchgespielt hat, das nie wirklich Verdienen-Können vorgelebt hat. Diese vorgelebte Ausweglosigkeit wollen wir immer noch nicht wirklich begreifen. Die Götter haben es uns gezeigt: Wir können nie wirklich etwas verdienen! Das Leben ist bedingungslos.

Auf Grund der langen Geschichte, die diese Geschichte aufzuweisen hat, erlaube ich mir, folgende Behauptungen aufzustellen:

Sisyphos hat viele Gesichter. Sisyphos ist ein Archetyp des heutigen Menschen, Sisyphos ist eine Sammlung von Lebensaspekten: Versuche des Menschen, das Leben zu leben, und vielleicht sogar zu meistern, oder einfach nur glücklich zu sein, oder dies zu vermeiden. Fragen nach dem Sinn. Fragen nach dem Scheitern. Fragen nach dem Wert. Der Schwerpunkt liegt auf den Fragen.

Auf der Suche nach einem Sinn wird es immer deutlicher, dass die richtigen Fragen wichtiger sind als die Antworten.

Nicht die Fragen als solche sind schon genug. Wichtig sind die Fragen, die aus Erleben, Wahrnehmung und Fühlen erwachsen.

Sisyphos geht einen weiten Weg: Der König geht in die Verdammnis eines ewigen Arbeitszwanges, und er geht ihn - immer bergauf, vom Verschlagenen über den Intelligenten, bis zu seinem erlösenden Potential, der Erkenntnis der Bedingungslosigkeit.

Dass er immer wieder unten, und immer wieder von neuem beginnt, macht uns glauben, er käme nicht von der Stelle, bliebe an immer demselben Hang stecken. Doch das ist der äußere Schein. Was wirklich geschieht, das kann sich erst am Ende zeigen. Wohl nicht am Ende der Fragen, denn es ist fraglich, ob die Fragen jemals enden. Eher am Ende der Antworten. Bedingungslosigkeit bedarf der Antworten nicht. Aber wir wollen nicht vorgreifen.

Wie es dazu kam, wird wohl noch lange im Mythos der Vermutungen vergraben sein, obwohl die Historiker ihn zu kennen glauben, den Mythos. Und den Sisyphos? Die Vermutungen führen uns am Ende zum Mut, den der griechische Mensch aufbrachte, den Weg der Fragen zu gehen, ohne Rücksicht auf die Antworten. Das Labyrinth auf sich zu nehmen. Das Risiko des Lebens. Bedingungen zu sprengen. Dem Ariadnefaden zu folgen. Ohne den Ausgang zu wissen.

Die Antwort steht am Eingang des Orakels von Delphi.

DIE PERSONEN

Sisyphos 1, der Jenseitige	der Zeitlose, Abgeklärte, allezeit ... Heutige
Sisyphos 2, der Antike	König von Korinth
Sisyphos 3, der Diesseitige	der Allgemeine, der Heutige, der ... Vielfache
Siegfried Voss	hat den ewigen Sisyphos abgelegt.. (ehem. Sisyphos 3, gleicher Spieler)
Merope alias Sissy Voss	Frau & Partnerin von Sisyphos / .... Siegfried Voss, kurzsichtig, als Sissy Voss, ev. Berliner Dialekt
Zeus alias Jovian Kronosson	Göttervater, um Gottes Willen verarmter arbeitsloser Zeus, ... Vertreter für das bedingungslose ... Grundeinkommen
Hera alias Heike Herr	Göttermutter, des Gottes zänkisch Weib, Kölner Dialekt
Poseidon alias Don Posse	Meeresgott mit Hass auf Sisyphos . Sohn
Hermes alias Herr Mes	der Götterbote und Diplomat, aber eben
Hades alias Hasse Dunkel	Herr der Unterwelt mit Sonnenbrille, darf Mafioso und schwul sein
Proteos alias Justus Proll	Anwalt für Sisyphos bei Gericht, ... schmierig, hat Ähnlichkeit mit einem ›Grottenmolch‹, stumme Rolle (fast)
Karon	Fahrer von Mount Clean, Fährmann über den Styx, grobschlächtig
Cerberos	Hund von Karon (Tonband)
Wessi Wello	politisierender Hausmeister, ... ehemaliger Parteivorsitzender
Angelo Scheinmarck	Finanzgenie, inzwischen arbeitslos
Beamter od. Beamtin	Arbeitslosenamt

PROLOG
Das »Jenseits«

Vorhang auf. Alles ist dunkel.

Einige Tonfolgen auf dem Monochord, spärlich, archaisch, elektronischer Touch möglich, bis Sisyphos 1 erscheint.

In der Mitte der Bühne ein breiter Säulenstumpf (breiter als das Schachbrett) mit korinthischem Kapitell, darauf ein großes Schachspiel. Daneben stehen:

König Sisyphos mit Königskrone (Sisyphos 2), spielt weiß, und Königin Merope, spielt schwarz. Sie gehen um die Säule herum, schauen auf das Schachbrett, das Spiel ist mitten drin.

Merope

> Wo waren wir stehengeblieben, mein König?

Sisyphos 2

> Beim Hades. Er trachtet mir nach dem Leben ...

Merope

> Schrecklich! Dieser Unterweltler!

Sisyphos 2

> Ja, schrecklich! Aber - das ist seine Natur. Wer das Totenreich hütet, der hat am Leben keine Freude!

Merope
kopfschüttelnd und besorgt

> Das beruhigt mich aber ungemein!

Sisyphos 2

> Nun, meine liebe Merope.
> Deine Sorge ehrt mich -
> aber laß Dich trösten -
> ich habe nachgedacht.

Merope

Aha - mein König hat nachgedacht! Das verspricht natürlich so einiges!

Sisyphos 2

Schau, meine Liebe. Du kannst Dir sicher vorstellen, dass ich weder Dich - noch mein Volk von Korinth - freiwillig verlassen werde.

Merope

Ich weiß, mein König. Aber warum verfolgen die Götter Dich? Ich versteh' das nicht.

Sisyphos 2

Das alles geschieht nur, weil eine der Maskeraden von Zeus aufgeflogen ist. Der hat sich wieder einmal verwandelt, und die Tochter von irgend so einem Halbgott[1] flach gelegt, dieser geile Bock!

Entfernter Blitz und Donner. Sisyphos 2 schaut auf, kurz irritiert. Blick wieder auf das Schachbrett

Kam natürlich nicht so gut an! Du kennst ja diese Olympier - und ihre Abkömmlinge!

Merope

Bei den vielen Eskapaden von Zeus ja auch kein Wunder, wenn da mal was auffliegt.

Sisyphos 2

Diesmal soll es meine Schuld sein, stell' Dir vor.

---

[1] Sisyphos soll dem Halbgott Asopos verraten haben, dass es Zeus war, der seine Tochter Aigina entführt hat.

Merope

Natürlich! Wenn den Göttern was schief geht, ist immer der Mensch schuld! Das kennen wir ja!

Sisyphos 2

Und dann ist die Geschichte mit Europa auch grad' aufgeflogen. Das hat dem alten Zeus richtig weh getan. Dieses Mal war er ja mächtig engagiert. Wollte mit seiner Europa einen ganz neuen Kontinent namens »Europa« errichten.

Merope

Moment mal - Europa? Die phönizische Königstochter? Mit der hatte er auch was? Mein Gott!

Sisyphos 2

Genau die! Zeus hat sie schnell nach Kreta ins Exil gebracht. Da hat der Göttervater gewaltig einen auf »Stier« gemacht und gleich mal den König Minos gezeugt - und seine Hera hat gewaltig Terror gemacht! Die Göttermutter! Mann! Da hat der Olymp gewackelt! Erinnerst du dich:
die Gewitterstürme letzte Woche?

Merope

Ja ja! Kam bis zu uns nach Korinth! Das kann ja auch nicht gut gehen auf die Dauer!

Sisyphos 2

Eben! Und nun hetzt er aus lauter Rache seinen Bruder Hades auf mich:

ab nach Guantánamo![2]

---

[2] Guantánamo, amerikanisches Gefangenenlager mit Folter.

Merope

erstaunt

Aber das gibt es doch noch gar nicht?

Sisyphos 2

Ach ja! Verzeihung! Ich habe vorgegriffen!

Ich meinte: ab in den Tartaros!
Aber, mit mir nicht!
Nicht mit dem König von Korinth!

Merope

Natürlich! Und was machen wir jetzt?
Ich kann doch nicht einfach zuschauen, wie du...

Sisyphos 2

...Ich habe da so einen Plan ...
Was die Götter nämlich nicht wissen:
Sie sind die Figuren unseres Spiels...

*geheimnisvoll, mit großer Geste und Selbstüberschätzung.
Merope steht staunend da*

Das ist Magie! - Da kann Delphi noch etwas lernen - mit seinen Priestern und dem ganzen Orakel! Oh ja!

Sisyphos 2 lacht, zeigt auf das Schachbrett

.Vertraue mir ... Wer ist am Zug?

Merope schaut etwas skeptisch

Merope

Du hattest die große Rochade mit Zeus gemacht. Ich bin dran.

Blick auf das Schachbrett. Merope ist am Zug, geht nahe ran, weil sehr kurzsichtig, zögert, zieht einen Bauern.

Sisyphos 2

Meine liebe Merope - so Leid es mir tut ...

lächelt ironisch

... das - ist ein Bauernopfer.

schlägt den Bauern nimmt ihn

Hoppla!!!

und wirft ihn hinter sich.

Monochord untermalt ♫

Merope

Tja - wie bei den Göttern.

Merope hebt die Schultern, geht ganz nahe ans Schachbrett heran, sie ist sehr kurzsichtig.

Nun, mein lieber Herr Gemahl!
Der Läufer ...

Zug von Merope

...mit einem Gruß aus Marathon.

tritt zurück, süßlich ironisch

Laßt Euch nicht nötigen.

Sisyphos 2 überlegt, lacht dann

Sisyphos 2

nimmt sein Pferd

Gewiß nicht, meine Liebe. -
Da! - Mein Kentaur!

zieht genüsslich

Was sagt meine erlauchte Merope jetzt?

Merope

Augen wieder nahe am Brett, zieht die schwarze Dame, schaut auf

Und meine schwarze Königin Persephone!
So!

Sisyphos 2

Das sähe gut aus - wäre da nicht mein -
zweiter Kentaur.

Merope sieht nochmals ganz nahe hin

Merope

Ohhh! Meine arme Persephone!

Sisyphos 2

...ist geschlagen!

nimmt die Persephone

Hoppla!!!

und wirft auch diese Figur hinter sich

Monochord untermalt

Merope

Schade! –

bestimmt

Nun - der Turm steht fest und schaut dich
an, mein König!

Sisyphos 2

Das ist recht so!
Und jetzt schau' gut zu:

Merope mit großen Augen nahe am Brett

Sisyphos 2

Schach dem schwarzen König Hades!

Merope

Oh!

schaut und überlegt

Mein Läufer steht weit weg. Mein Turm
braucht zu viele Züge.
Ich fürchte, ich kann nichts mehr tun!

Licht auf Sisyphos 1 langsam aufziehen, der seinen Stein poliert

Sisyphos 2

*theatralisch, schwärmend, rituell,
zum schwarzen König*

Nun denn! Mein Hades!
So lasst uns Dich in Fesseln schlagen!
Verweile so!!!
Das ist zu schöööön!
Da magst Du gern zu Grunde geh'n![3]

Nimmt den Hades

---

[3] frei nach Goethes Faust

Hoppla!!!

wirft auch diese Figur hinter sich

Monochord untermalt ♪

    Sisyphos 2 lacht königlich
    Sisyphos 1 schaut jetzt hinüber zu den beiden

Merope

Das klingt wirklich wie Magie.
Da hat mein König doch tatsächlich den
Hades besiegt!
Meinen Glückwunsch!

Sisyphos 2

Ja, meine liebe Merope!
Mit deiner gütigen Hilfe natürlich.

Merope macht eine großzügige Geste mit leichter Verbeugung

Sisyphos 2

voller Ironie

Wenn Kurzsichtigkeit[4] und Scharfsinn so
gut zusammen spielen, geht sogar der
Tod zu Grunde ...!

Beide lachen. Nehmen sich einen Becher Wein aus der »Bar du Dionysos« auf der linken Seite, lachen und scherzen, gestikulieren miteinander.

Licht voll auf Sisyphos 1 (der Jenseitige, Zeitlose), der an der rechten Bühnenseite sitzt, hinter einem dünnen Gazevorhang, der auch für Projektionen dient.
Sisyphos trägt eine Art Toga, modern oder futuristisch, sitzt auf einem Säulenstumpf (auch korinthisch, aber schmaler). Er hat einen handgroßen polierten Stein in der Linken und ein typisches Staubtuch in der Rechten. Er poliert den Stein (eine Miniatur-Nachbildung des großen Steines, den der antike Sisyphos den Berg hoch stößt), hält ihn gegen das Licht, haucht, putzt liebevoll, schaut dann auf.

---

[4] Merope war als einzige der Plejadenschwestern extrem kurzsichtig.

Sisyphos 1:

Ja Ja! »Schach dem Hades!«
So einfach hatte ich mir das vorgestellt!
Damals! Ein wenig Magie, ein wenig »in
Fesseln schlagen« und »Hoppla!«.

Aber so einfach war es dann doch nicht.
Der Tod ließ sich nicht so mir nichts dir
nichts hinters Licht führen - beim Hades!
Nein! Wäre uns natürlich angenehm
gewesen - hinter sich werfen und
erledigt! Doch die Götter wollten das
nicht!
Aber wir wollen nicht vorgreifen.

Oh Pardon! - Ich sollte mich ja vorstellen.
Ihr kennt mich doch alle -
(fragend) Nicht?
Einige wissen es vielleicht noch nicht -
kennen meinen **Namen** nicht.
Aber eben - was sind schon Namen?

Poliert liebevoll am Stein, gedankenvoll ...

Nomen est Omen?
Ich weiß nicht.
War vielleicht früher so. Heute ändern
sich Namen immer wieder.
Heute heißt man so, morgen anders.
Und doch - meistens bleibt man derselbe
- So, wie meine **Arbeit**.

Schaut den Stein gegen das Licht an, poliert.

Meine **Arbeit** kennt ihr **alle** - ich meine -
die Arbeit, die nach mir benannt wurde.

Steht auf.

So! Dann stell' ich mich einfach mal vor:

Mit ironischer Förmlichkeit.

Mein Name ist - **Sisyphos**.

Setzt sich wieder.

Wieso ich hier so plötzlich auftauche?
Ich? - irgend so ein Typ aus der alten
Mythologie? Ist doch schon lange vorbei?

Schnee von gestern!?
Wen interessiert das heut noch?!
Da bin ich anderer Meinung. Nicht nur,
weil ich hier vor euch stehe - nun ja, wohl
nicht so ganz leibhaftig - aus dem
Jenseits eben ....
Nein! Ganz einfach, weil ich mich so
unendlich **vielfältig** in eurer Welt sehe.
Unendlich viele Sisyphosse sozusagen.
Ich erkenne mich überall wieder!
Ihr glaubt es kaum, in wieviel
verschiedenen Variationen ich mich sehe
- da, bei euch!? - *(ironisch)* Eben -
Schuftet der Mensch - freut sich der Gott.
Ja, ja ...
Aber bitte - schauen wir mal.
Eins nach dem anderen.

*Ganz langsam gibt es Licht auf den großen Stein auf der hinteren
Bühne: Der Tartaros. Erhöhte Ebene, Aufblende. Sisyphos 2, der
Antike, jetzt im Lendenschurz, ohne Krone, plagt sich mit dem
Stein. Umgebung bleibt dämmerig. Wind.*

Entfernte Berggeräusche ☉

Sisyphos 1

Ja meine Lieben - was ich mich schon
lange frage: Was wollt ihr eigentlich
hier?

Sisyphos 1 zeigt auf das Publikum.

Ich meine nicht: Hier im Theater - nicht
hier drinnen, und nicht da draußen. Ich
meine: auf dieser Erde. Das meine ich
mit HIER.

Poliert wieder liebevoll.

Was die Frage soll?
Und - ob **ich** mich das damals gefragt
hab?
Einverstanden! Ich hab gut reden, meint
ihr, hier - aus dem Jenseits. -

Lacht, schlägt das Staubtuch aus.

Ha ha, ja, habt ihr's gemerkt?
Jetzt hört ihr schon Stimmen aus dem
Jenseits, hehe! mmhhh?

Schüttelt sich.

Aber glaubt mir, mit der Zeit hab ich mich
sehr gefragt, was das Ganze hier soll -
all das, was die Götter da **Arbeit**
nannten. Na? Klingelt's bei dem Wort
Arbeit - und den vielen - Sisyphossen?
Damals war ich der Berühmteste, aber
sicher auch da schon nicht der Einzige
mit einer Sisyphos-Arbeit. Da - auf eurem
Planeten, so sagt ihr doch heute: »**Unser
Planet**«.
Gehört er euch denn jetzt endlich? Na?! -
Ahhh - ihr arbeitet dran ...?

*Bei den letzten Worten wird (der antike) Sisyphos 2 im Hintergrund
ganz sichtbar, schiebt den Stein aufwärts, stöhnt und flucht. (Sisyphos
1 poliert seinen kleinen Stein, schaut nachdenklich hinüber zu Sisyphos
2 ohne Krone, nur mit Lendenschurz)*

Sisyphos 2

Verdammt! Was soll das hier???!!!

Schiebt und stöhnt.

Sinnlose Plackerei!!!

Schreit.

Ich bin ein **König**!!!
Laßt mich hier **raus**!
Verdammte Schinderei!!!

*Droht mit erhobener Faust nach oben, während er mit der
anderen Hand mühsam den Stein hält.*

Sklaventreiber!!

Blitz und Donner (mit viel Echo) ☉

Sisyphos 2 fährt zusammen, schreit nach oben.

Ja! Ja! Ich weiß!

Für sich, nach unten, stößt weiter.

Der mit seinen Donnerkeilen[5].
Alter Angeber!!!

Sisyphos 1

Noch polierend.

Seht ihr? Da kann man doch ins Grübeln kommen. Das nennt sich **Arbeit!** Sinn des **Lebens**! Ha! Grundlage der **Existenz**! Ha, ha, ha!

Schüttelt sich vor Lachen, schlägt das Staubtuch aus.

Aber das habt ihr ja inzwischen **viel** genauer betrachtet - das mit der **Arbeit** - vielschichtiger, durchsichtiger, **existentieller**, *(ironisch)* oder so? Der heilige Einkommensplatz, jaaa, jaaa.

Während Sisyphos 2 den Stein weiter stößt.

Sisyphos 1

Ich kam damals ins Grübeln mit dem ganzen Zeugs. Schließlich war ich ein König. Da seht ihr, was aus Königen werden kann. Da ...!

Zeigt mit dem Daumen auf Sisyphos 2 nach hinten.

Licht vom großen Stein langsam ins Dunkel, Geräusche ausblenden.

Stellt euch vor, ihr seid ein **König**, und dann das. Bei den Göttern!
Verzeihung - für die Kön**iginnen** gilt das natürlich ebenso. Bei den Göttinnen!
Aber, sagt mir mal, wie kommt es dazu, dass ein Mensch - eigentlich als König geboren - zu so einer Fronarbeit verdammt wird?
Wie kann das passieren? -
Das war schon immer so?
Das glaub' ich nicht. **Immer** wohl nicht!
Aber sicher schon sehr sehr lange.

---

[5] Donnerkeile waren die typische Waffe von Zeus, ähnlich wie beim germanischen Thor.

Bestimmt, seit es die **Götter** gibt, oder
was ihr denn heute an ihre Stelle gesetzt
habt.
Ja, die Götter!

Lacht wieder.

War vielleicht einfacher, damals.
War ´ne klare Sache mit oben und unten.
Die Könige waren oben, die Untertanen
unten - logisch!
Was sonst! Aber heute?

Heute muss man erst wissen, wieviel
Bonus einer kriegt, um das Maß seiner
Göttlichkeit zu erkennen. Und die
bonusgestützte Göttlichkeit scheint heute
noch unantastbarer, als die damalige
olympische.

*Lacht, dann nachdenklich, schaut auf seinen Stein in der
Hand, überlegt für sich, langsam, gedehnt.*

Und dann hab ich mir überlegt, was wäre,
wenn nun **jeder** ein König wäre? Hmm -
ketzerischer Gedanke.
Oder was meint ihr?

*Grinst, schaut wieder den Stein in seiner Hand an, haucht
ihn an, poliert.*

Nun, fangen wir mal da an, wo meine
Arbeit erfunden wurde, also **die** Arbeit,
die nach mir benannt wurde. Bei den
Göttern! Ehhh? Und natürlich
Göttinnen??? Hmmmhhh.

Schüttelt den Kopf.

Ob allerdings die Göttinnen **daran**
beteiligt waren, ist nicht überliefert! Ich
hege da so meine Zweifel.
Gut! - Da war also dieses Gericht.

Gerichtstisch wird sichtbar.

Ein göttliches Gericht, jawohl!

*Auftritt der Götter durch die »Bar du Dionysos«, griechisches
›Statuen-Outfit‹, Zeus hat eine Plastiktüte dabei, Hera, Hermes,*

Hades mit Sonnenbrille (schwuler Mafioso), stehen am Tisch, Poseidon mit Dreizack poltert als letzter herein, etwas zu spät, Zeus setzt sich, dann alle anderen.

Sisyphos 1

> Da sind sie ja schon: Zeus, Hera, Hermes, Poseidon und natürlich Hades, der Unterweltler!
> Macht immer die Drecksarbeit für den ganzen Verein, na ja, oder lässt sie machen.

ironisch

> Eine **erlauchte** Versammlung!

Proteos, Sisyphos Anwalt, kommt hereingestolpert, schmierig, setzt sich an den Kindertisch vorne, packt seine Aktentasche aus.

Zeigt auf Proteos.

> Na ja, so ziemlich.

Zeigt auf Proteus, lächelt.

> Das war übrigens mein Anwalt Proteos. Mehr Grottenmolch als Mensch! - Kein Wunder hatte ich keine Chance.

Feierlich.

> »in dubio pro **deo**.«,
> »Im Zweifel für den **Gott**«!
> Ja ja! Toller Anwalt! Ich weiß, die Römer haben das später abgewandelt:
> »in dubio pro **reo**.«,
> »Im Zweifel für den **Angeklagten**«,
> das machte sich dann besser fürs Volk. Diese kleine Änderung sollte aber nicht etwas über die Wirklichkeit aussagen.

Schüttelt grinsend den Kopf.

> Guantánamo gab's damals eben doch schon, es hieß nur anders, zum Beispiel »Tartaros«. Klang irgendwie göttlicher. Aber sonst?
> Nun - schaut selbst.

Geht nahtlos in Szene 1 über

1. SZENE
Das Gericht

Transparent über dem Gerichtstisch fährt herunter:

Freiheit   Gleichheit   Brüderlichkeit

der Götter   der Untertanen   der Köche

Die Götterversammlung, zuoberst Zeus, dann Hera, Poseidon, Hermes, Hades. Auf einem Hocker am Kindertisch daneben Sisyphos Anwalt Proteos. Ihr Tisch steht vorne, vor dem Stein. Das Gericht tagt in Abwesenheit von Sisyphos, nur der jenseitige Sisyphos gibt ab und zu seinen Kommentar von der Seite / aus dem Jenseits oder dem Zeitlosen.

Zeus

> Die Verhandlung ist eröffnet.

Proteos rutscht mit dem Hocker, Geräusch

Böser Blick von Zeus

> Ruhe!!!

Poseidon hantiert mit seinem Dreizack, weiß wohl nicht so ganz wie ablegen, auf den Tisch oder wo? Ist an Land wohl etwas unbeholfen?

Zeus schaut ihn entnervt an

> Herrgottnochmal! Jetzt leg mal endlich deinen blöden Dreizack weg! Das ist ein Gericht hier! Kein Fischteich! Dein Dreidings da brauchst du hier nicht!

Poseidon steht wütend auf, rammt den Dreizack mit voller Wucht in den Boden.

Poseidon

> So guttt!!???

Erschütterung, donnernde Wellen... 💿

Zeus

> Verdammt noch mal!!! Vorsichtig!!! Jetzt hast du wieder einen Tsunami ausgelöst!
>
> Ich hab dir schon hundert mal gesagt: Den Tsunami gibt´s nur, wenn **ICH** das sage!!!

Hera

hämisch grinsend

> Ja Ja! - zum Kuckuck![6]

Poseideon

Schaut wütend zu Zeus, für sich.

> Egal.

Zeus

Räuspert sich, greift in seine Plastiktüte und legt sein Pausenbrot auf den Tisch, vielleicht einen Big Mac in der Verpackung (Big Mac mit Necktardressing)

> Also!!! Die Verhandlung ist eröffnet!

Zeus gibt den Einsatz für imaginäre Herolde.

Römische Clarinen-Fanfare. ♪

> Der Himmel - vertreten durch den Allmächtigen - also mich,

Hera gluckst vor sich hin

> den Allwissenden - also mich,

Hera gluckst weiter

> den Allgegenwärtigen - also mich,

Alle nicken genervt

Hera

> bei allen Jungfrauen, ja! - zum Kuckuck!

---

[6] Zeus hatte sich in einer seine schier unzähligen Maskeraden zwecks Verführung der Weiblichkeit als Kuckuck der Hera genähert.

Zeus
(ignoriert Hera...)

> gegen Sisyphos -
> den Korinthen-König -ähhh –
> den König von Korinth!

Poseidon

> Jawoll! Wird aber auch Zeit!

Hades nickt erwartungsvoll

Hades

> Schööön.

Zeus

Wirft sich in Pose

> Sisyphos wird des Hochverrats gegen den
> obersten Gott beschuldigt,
> verschiedenster Sakrilegien, der
> Entweihung - ähh - ja - und **Ermordung**
> des **heiligen europäischen** Stieres,

Hera
hämisch

> Das war Theseus[7] - zum Kuckuck!

Zeus

Zeus ignoriert Hera

> und natürlich der Gotteslästerung und
> Verspottung unseres hoch geschätzten
> Hades!

Hades nickt geschmeichelt

Hades

> Schööön.

*Proteos steht auf, Aktentasche unter dem linken Arm, einen
Stapel Papier in der rechten Hand, und will zum Göttertisch*
Zeus winkt ab

---

[7] Theseus tötete den Minotauros, Stier im Labyrinth des König Minos von Kreta. Minos war der Sohn von Zeus und Europa.

Zeus

Söttzen!

Proteos kriecht kleinlaut zurück

Zeus

Wo waren wir stehengeblieben?

Hades
eifrig

Bei der Verspottung!

Poseidon

Jawoll! Wird aber auch Zeit!

Hades

Schööön.

Zeus
Pathetisch zitierend

Kurzum - was immer dieser Sisyphos getan hat, ...

Poseidon

Egal!!!

Zeus

...das hat er **- uns** angetan!!!

Zeus gibt den Einsatz für imaginäre Herolde:

Clarinen-Fanfare. ♫

Hades

Verspottet!!!

Poseidon

Jawoll!!! Wird auch Zeit!

Zeus

Ergo! Er muss verurteilt werden!

Alle
unisono

Jawoll!!! Wird auch Zeit!!!

Hera
schlüpfrig

Wie war das jetzt mit - Europa?!

Gluckst wieder

Das war doch kein **Stier**...?

Zeus
Ärgerlich

Natürlich war Europa **kein** Stier!
Mein Gott!!!

Hera
Scheinheilig

Aber kam nicht ein - **Stier** dieser Europa
nahe???!

Zeus

Aber! Herr **Gott** noch mal!!!

Hera
Zeigt auf Zeus - ironisch – gehaucht

ja, mein **- Gott**! -
wir reden von **dir**,
als Stier.
Ach - zum Kuckuck!

Gluckst und prustet.

Hermes
Diplomatischer Schlichtungsversuch

Verzeihung, wenn ich mich kurz
einmischen darf. Die europäische Frage
hat - mit Verlaub - noch etwas Zeit,
und das mit dem Stier mag uns etwas
Spanisch vorkommen.

Lenkt von Zeus' Affäre mit Europa ab

Hingegen - Wir wollen doch nicht die
Glaubwürdigkeit der Kreter diskutieren? -
Kreti und Pleti - ääähhh - mmhhh.
Aber eben.

Zeus

Ruhe!!!
Wir kommen zu Punkt 1, dem
Hochverrat.

Poseidon

Jawoll!!! Wird auch Zeit!

Hades

Schööön.

Zeus

Hochverrat an unserem göttlichen
Projekt, genannt »Europa«!

Hera
Wird jetzt wütend

Also doch! Diese Schlampe mit dem Stier!
Ich hab's ja gesagt!

Zeus

Ruhe!

Hera

Wie oft hast Du es mit ihr getrieben -
mit Deiner Stieren - **Maskerade**?!!!

Poseidon

Egal.

Hades

Schööön.

Zeus

Ruhe!!!!
Zu sich, verärgert

Immer wieder dieser **Zickenalarm** im Olymp! Kein Projekt kann man hier durchführen, ohne dass die was merkelt.

Hermes

Fühlt sich unwohl in dem Streit, will schlichten

Verzeihung, wenn ich mich kurz einmischen darf. Die europäische Frage und das Projekt Europa.

Zeus

Ruhe!!!!

Hermes

Aber eben.

Zeus

Das Gericht zieht sich zur Beratung zurück!!!

Allgemeines Palaver im Gericht, halblautes Gemurmel, Zeus packt seinen Big Mac aus, isst sein »Pausenbrot«, während Sisyphos 1 an der Seite wieder sichtbar wird. Sisyphos 1 lächelt, den kleinen Stein in der Hand, erinnert sich.

Sisyphos 1

Ja, so war das damals. Eine **stiere** Maskerade, göttliches Gesichter-Wahren, als wären wir bei den Menschen.
Und es steht schon lange fest, wie das Ganze ausgehen soll.

grinst

Kommt euch vielleicht bekannt vor?

Zeus schiebt den angegessenen Mac zur Seite vor Heras Nase, Hera schiebt ihn mit dem Ausdruck des Ekels in die Mitte.
Zeus erhebt sich, zieht ein Taschentuch und putzt sich den Mund, alle anderen erheben sich mit ihm, Zeus setzt sich wieder. Als die anderen sich auch setzen wollen, gebietet er Einhalt mit erhobener Hand. Die anderen bleiben stehen.

Zeus

Und damit kommt das höchste Gericht zum Schluss und zum Urteil:

Zeus gibt den Einsatz für imaginäre Herolde:

Clarinen-Fanfare. ♪

Der Angeklagte: **Sisyphos von Korinth** ist in allen Punkten für schuldig befunden worden.

Zeus holt eine Schriftrolle aus der Plastiktüte und öffnet sie

Hera

Ach - zum Kuckuck! Natürlich:
»Quod licet Jovi - non licet bovi«, das kennen wir doch!
Oder sollte ich sagen:

grinst

»Was dem **Schovi** erlaubt ist ...«

Zeus

unterbricht

Ruhe!!!
Das einstimmige Urteil lautet:

Hera

Ha, ha! Dein Urteil ist immer einstimmig.

Zeus

Ruhe!!!
Das Urteil lautet:

»König Sisyphos ist zur ewigen Arbeit am Berg des Tartaros verdammt.
Der Königstitel wird ihm aberkannt.
Er soll einen großen Felsen auf die Spitze des Berges stoßen.
Das wird ihm nie gelingen, denn der Fels wird ihm jedes Mal am Gipfel entgleiten, und er muss immer wieder von vorne beginnen«.

Hades

Schöööön.

Zeus

Seine Arbeit ist so göttlich sinnlos,

lacht

dass Sisyphos aus der Geschichte der Menschheit **getilgt sein wird**!

Poseidon

Jawoll!!! Wird auch Zeit!

Zeus

Globales Vergessen!

Sadistisch grinsend

Zeus & Poseidon

Zusammen

Jawoll!!!

Hades

Schöööön!

Zeus

Das wird das härteste Urteil für ihn sein.

Pathetisch

Die Versammlung ist geschlossen!

Clarinen-Fanfare. ♪ ohne den Einsatz von Zeus -
Zeus schaut erstaunt auf (dorthin, wo die Herolde sind) und schüttelt mit dem Kopf. Zeus lässt das halbe Pausenbrot auf dem Tisch liegen, die Götter gehen ab

wieder Licht auf Sisyphos 1

Sisyphos 1

Ja, ja - so können die Götter irren!
Globales Vergessen!!! Nichts da!!!
Aus der Geschichte der Menschheit
getilgt? Dass ich nicht lache!!!

Ganz langsame Aufblende zum Stein und Sisyphos 2.

Diese Arbeit wurde ab sofort mit
meinem Namen überliefert:
Sisyphos-Arbeit! Und die diente dann
auch noch als Vorlage für spätere
Gesellschaften. Das war wohl Sensation
genug, um überall verbreitet zu werden,

obwohl die Journalisten noch nicht erfunden waren. -
Man stelle sich vor, die hätte es zur Zeit der alten Götter schon gegeben - nicht auszudenken! Wer hätte all den Klatsch in Marmor gemeißelt!? Soviel Sklaven konnte sich auch damals schon niemand leisten.

Schaut auf den Stein in seiner Hand.

Nun, man mag über das Gericht denken, was man will. Seine Auswirkungen zu seiner Zeit waren verheerend. Für mich jedenfalls. Und so stieß ich den Stein. Aber schön der Reihe nach.

Hinten oben stößt Sisyphos 2 den Stein, Schlagzeugschläge im Takt (ganze, dann halbe) ♪ von Sisyphos Schritten am Berg, bis Sissy auftaucht, dann ausblenden.

Vorne baut sich eine neue Szenerie auf:
Sissy Voss im Supermarkt, ein oder zwei Wände, der Rest Projektion, viele Licht- und Farbeffekte illustrieren glänzende Angebote...

Dazu Sisyphos 1:

Sisyphos 1

Mit dem Stein im Tartaros wollen wir uns nicht lange aufhalten. Das kennen wir schon. Schauen wir, was uns **nicht** überliefert wurde, oder besser, was wir vielleicht heute immer wieder selbst erleben ....

Schlagzeugschläge im Takt doppelt (viertel oder achtel) dann Musikeinsatz Einleitung, elektrische Gitarre -

Nahtlos zu Szene 2.

2. SZENE
Sissy Voss / Supermarkt

♪ *Musik: Schlagzeug läuft weiter aus Szene 1. Eine Wand, in der Mitte ein deplatziertes Sofa, stylisch, verschlissen.*

Im Supermarkt, div. Videoprojektionen von Regalen, Kassen etc.

Sissy, vielleicht in einer Mischung aus 80ger Jahre und Disco-Look, in der Mitte eine Supermarktkasse ...

Sissy sitzt an der Kasse. Pantomime nach der Musik.

Musik, Thema, Sissy hantiert an der Kasse, Kassengeräusche, dann Einsatz Song, 2/4 Takt:

Sissy Voss

Haste Arbeit, biste geil,
haste keine, hängst im Seil,
kriste Knete von Harzt4,
Langt'et grad mal für´n Bier.

Groovy wars'te bei die Götter,
bist ganz blond und »*greek gestylt*«,
doch heute tritts'te ooch wat kötter,
denn det Geld is schon verteilt.

3/4 Takt:

ha ha ha haa - der Bonus - der ist doch
für andre da,
ha ha ha haa

2/4 Takt:

Ik bin de Sissy, komm vom Land,
bin als de Sissy Voss bekannt,
so eijentlich kennt mich ja keiner
ik schau in alle Läden eina,
ik kann nich koofen wat ik will,
weil - dat kostet mir zuvill,

3/4 Takt:

ha ha ha haa - der Bonus - der ist doch
für andre da,
ha ha ha haa

2/4 Takt:

Blaue Augen will ik haben
braune hab ik satt,
da find ich wat im Brillenladen
Mann, da bin ik platt!
da koof ik mir de richt'jen Linsen,
blau, wie Meeresrauschen,
Schau in'n Spiegel, muß ik grinsen,
will ik nie mehr tauschen.

3/4 Takt:

ha ha ha haa - der Bonus - der ist doch
für andre da,
ha ha ha haa

2/4 Takt:

Mit blauen Augen lebt sich's juut
da traut Dir jeder grad,
alleen de Arbeit, die man tut,
die is doch meistens fad.
und wat ik lieber tun will,
dafür krieg ich keen Geld,
drum mach ik mit bei diesem Spiel
mit Sisyphos als Held.

3/4 Takt:

ha ha ha haa - der Bonus - der ist doch
für andre da,
ha ha ha haa

2/4 Takt:

Die Sissy und der Sisyphos,
die schieben eine Kugel,
die is nich ruhig, die is nicht leicht:
bist wie een nasser Pudel,
Du willst da raus und schaffst et nich,
de Knete will vadient sein;

für Miete, Steuern und wees ich,
den Reibach sackt die Bank ein!

3/4 Takt:

ha ha ha haa - der Bonus - der ist doch
für andre da,
ha ha ha haa

2/4 Takt:

Der Hamster hat das Rad erfunden
die Götter fanden's geil
und ham' die Menschen reinjebunden,
die Götterwelt war heil.
So läuft der Mensch im Hamsterrad
und fühlt sich mega fleißig,
doch das Ergebnis ist sehr fad
und überwiegend schweißig.

3/4 Takt:

ha ha ha haa - der Bonus - der ist doch
für Götter da,
ha ha ha haa

Musik Coda. ♪

Sissy Voss

*Pantomime an der Kasse, Beeps vom Scanner,
Sprechgesang, wie Zirkusansage:*

Herzlich willkommen im
Ein-kaufs-pa-ra-dies.

Klingelt an der Kasse.

Ja, das ist im Angebot heute...
Herzlich willkommen ...
Danke, gerne, einen schönen Tag noch
und auf Wiedersehen ...

Refrainartig.

Im Off vom Tonband übernommen:

*Herzlich willkommen
Danke, gerne,
wieder-sehn - wieder-sehn*

> *Herzlich willkommen*
> *Danke, gerne,*
> *wieder-sehn - wieder-sehn*
>
> *Herzlich willkommen*
> *Danke, gerne,*
> *wieder-sehn - wieder-sehn.*

*Während des Refrains steht Sissy von der Kasse auf, tanzt wie im Traum, Lichteffekte, träumender Singsang, verzückt, mit **fließenden** Bewegungen.*

Sissy Voss

> Angebote ... Angebote ... Angebote ...
> diese Schaufenster ... hell ... leuchtend
> ... glänzend ... funkelnd ... alles wie
> Kristall ... diese Farben.

*Bruch / bewegt sich im Takt, **zackig** / Disco.*

> Schaufensterbeat ... Angebotsbeat ...
> Shoppingbeat ...

*Bruch / wieder verträumt mit **fließenden** Bewegungen*

> ...wie schön das alles ist .... ein Berg von
> Angeboten ... ein Shopping-Gipfel ... alles
> geht bergauf ... das ist der Gipfel ...

Sissy schließt die Kasse, nimmt ihren Mantel.
Mit Singsang, Opernparodie.

Bruch in der Musik: Arioso

Sissy Voss

Theatralisch.

> »Am Gelde hängt -
> zum Gelde drängt -
> doch alles.«[8]

Bruch in der Musik: zurück wie vorher. ♪

Sissy Voss

Wieder shopping-verträumt.
Sissy tanzt, fließende Bewegungen.

---

[8] frei nach Goethe's Faust, Gretchen.

Feierabend .... *(Echo)*
Feierabend .... *(Echo)*
Feierabend .... *(Echo)*

Bruch, zackig

Shopping - Time ...

geht auf die Straße - ab von der Bühne

nach der Kasse verdünnt sich die Musik, wird spärlicher, geht langsam in sporadische Tropfgeräusche über, arhythmisch.

Sissy taucht hoch oben auf der »Straßen-Ebene« über der Bühne wieder auf, kommt an den Toren von Mount Clean vorbei - und muss mal.

Nahtlos zu Szene 3.

3. SZENE
Mount Clean

Mount Clean ist tief unter der Erde, eine lange Treppe führt von der Straße hinunter. An der Straße ein Eingangstor mit der Aufschrift:

MOUNT CLEAN - WC für MÄNNER
Bedingungslose Reinheit um Ihr Bedürfnis

Alles ist glänzend weiß gekachelt, die Reinheit springt einem entgegen, zuerst ein paar Pissoirbecken, dann die üblichen Kabinen.

Regale mit sauberen Handtüchern, Handtücher säuberlich neben den Waschbecken.

Eingang mit Drehkreuz, dahinter Sisyphos 3 in weißem Kittel mit nagelneuem Schrubber, der Schrubber als Symbol, steht da, reglos - eine Statue in weiß.

Sissy läuft oben über der Bühne ... hat Probleme mit den Augen, die Kontaktlinsen sind verrutscht, sie ist extrem kurzsichtig, sucht eine Toilette und einen Spiegel.

Sissy Voss

Ah, das muß eine Toilette sein....

Da sie mit ihrer Kurzsichtigkeit so nicht lesen kann, geht sie einfach in die Männertoilette.
Sissy kommt die Treppe herunter, hastet durchs Drehkreuz und verschwindet schnurstracks in einer Kabine, bevor Sisyphos 3 etwas sagen kann.

Sisyphos 3

Hallo Sie! Aber das ist - eine ...

Kabinentür knallt zu.

Sisyphos 3
kleinlaut

eine Männertoilette.

Komisch. Das war doch eben eine Frau? Hab ich geträumt?

Das kommt vielleicht von der Monotonie -
jeden Tag dasselbe.
Da sieht man Dinge.
Und am Abend habe ich wieder meinen
Berg. Ein Berg von Handtüchern.
Jeden Abend wieder. Unaufhörlich.
immer von vorne.

Die Spülung rauscht.
Sissy kommt aus der Kabine, geht zum Waschbecken, wäscht
sich die Hände, holt ein Fläschchen aus der Handtasche, stellt es
hin und manipuliert an ihren Kontaktlinsen, nimmt sie raus,
reinigt sie mit Tropfen und setzt sie wieder richtig ein.

Sissy Voss

So, die schönen blauen Augen.
Aaaaahhh!!!!

Sie schreit - im Spiegel hat sie - wieder sehend - Sisyphos 3
entdeckt und erschrickt maßlos.
Sisyphos 3 fährt ebenfalls zusammen, hält sich am Schrub-
ber fest wie ein Stabhochspringer.

Sisyphos 3

Ehhh, Entschuldigung, ich bin ...

Er hält ihr den Schrubber wie ein Stabhochspringer seinen
Stab als Erklärung entgegen, sieht ihre blauen Augen, strah-
lend wie das südliche Meer - und verstummt in Staunen.
Sissy sieht die Pissbecken an der anderen Wand, das erklärt
alles, sie ist am falschen Örtchen. Oh je.

Sissy Voss

Oh nein, ich muss mich,
ich hatte, etwas im Auge, ja.

Sisyphos 3

Ist schon in Ordnung.

Sissy Voss
Schaut mit großen Augen.

Entschuldigung.

Sisyphos 3 sieht wieder diese unglaublich blauen Augen,
ist sprachlos. Verlegenheit.

Sissy Voss

Ja, dann ...

Sisyphos 3

Ja, ist sowieso gleich Feierabend.
Vielleicht.

Sissy Voss

Ja? Was?

Sisyphos 3

Vielleicht, ja, äähh -
gegenüber ist eine Pizzeria.
Ich geh da nachher hin.

Sissy Voss

Ach so - ja.

Sisyphos 3

Ich dachte, wenn Sie ...

Sissy Voss
Ratlos, etwas verwirrt

Ob ich ...?

Sisyphos 3

Ja, ob Sie auch Pizza mögen?

Sissy Voss

Ach so - ja - manchmal schon.

Sisyphos 3

Ich meine, heute Abend, da drüben.

Sissy Voss

Ja.

Sisyphos 3

Ja?

Sissy Voss

Ja.

Sisyphos 3

In einer Stunde?

Sissy Voss

Ja.

Sisyphos 3 schaut immer noch fasziniert in das Augenblau. Lächelnd, wie abwesend, träumend.

Sisyphos 3

Gut, in einer Stunde.

Sissy Voss

Ja.

Sissy geht etwas verwirrt zur Treppe und nach oben hinaus. Sisyphos 3 nimmt den Schrubber, schüttelt den Kopf.

Sisyphos 3

Dieses Augenblau! Unglaublich!

Sisyphos 3 beginnt mit dem Aufräumen, Handtücher im Behälter zu einem Berg aufhäufen und putzen.

Sisyphos 3

Gleich kommt Karon, ich muss mich beeilen.

Pfeift eine Melodie. Sisyphos 3 räumt und putzt

Der Lieferwagen kommt an , Autotüren.
Oben am Tor taucht Karon auf und ruft herunter:

Karon

Lethe & Stücks![9] Die Wäscheeeee!

Hinter Karon oben Kerberos[10] - Karon's böse knurrender Hund

Sisyphos 3

Jaja, ich komme schon.

für sich

---

[9] Lethe ist einer der Flüsse der griechischen Unterwelt, wer aus ihm trinkt, vergisst seine Erinnerungen. Styx ist der Fluss der Unterwelt, der die Grenze zwischen den Lebenden und dem Totenreich darstellt. Karon ist der Fährmann, der die Verstorbenen über den Styx ins Totenreich befördert, für einen sog. Obolus, der den Toten unter die Zunge oder auf die Augen gelegt wurde.

[10] Kerberos ist der »Höllenhund«, der den Eingang zur Unterwelt bewacht.

Immer lässt er sich alles bringen,
keinen Streich selber machen!
Und ich muss ihm das Zeugs noch ins
Auto schieben, zu diesem abscheulichen
Köter. Sieht aus wie aus der Unterwelt!
Dabei weiß er genau, dass sein Hund
mich nicht leiden kann!

Böses Bellen von oben.
Sisyphos 3 trägt den riesigen Handtuchbehälter die Treppe rauf,
oben wieder böses Knurren. Auf der Seite wird wieder Sisyphos 1
sichtbar, auf der Säule sitzend, hat immer noch Stein und
Staubtuch in der Hand.

Sisyphos 1

Und so ging ich das erste Mal aus mit
Sissy Voss. Ich hatte keine Ahnung von
ihr, es war einfach dieses Augenblau,
das hatte es mir angetan.
Es ging wie so oft bei einem ersten
Treffen.
Wir mochten die gleichen Pizza-Sorten,
liebten die gleiche Musik und - ja, mit den
Ferien hielt ich mich bedeckt, so was gab
es im Hades nicht, und auch bei Mount
Clean nicht. Das war zwar inzwischen ein
moderner Hades, gekachelt, steril. Dieser
Hades ist für Altphilologen nicht mehr
erkennbar, aber die geh'n uns hier auch
nichts an.

Ich war immer noch «am Berg», auch
wenn sich der Berg inzwischen nach
unten gestülpt hatte, in die Tiefen von
Mount Clean. Er manifestierte sich in
Handtüchern. Eine modernisierte Form
meiner Bestrafung, aber nur der Form
nach. Weniger archaisch, aber immer
noch Unterwelt. Die tagtägliche
Wiederholung war geblieben. Aber doch
hatte sich langsam alles verändert.
Und seitdem der Olymp wegrationalisiert
worden war, funktionierte die alte

Hierarchie nicht mehr so recht. Ja, auch die Götter hatten unter dem modernen Management zu leiden. Nur Leute wie ich waren nicht unglücklich darüber, denn die alten Urteile bröckelten ebenfalls. Die Ewigkeit bekam auf einmal einen Horizont. Gut, der wechselte immer wieder mit dem Management, aber das betraf mich jetzt nicht, oder noch nicht. Aber wir wollen nicht vorgreifen.
Der entscheidende Lichtstreifen am Horizont meiner Unterwelt war dieses Augenblau von Sissy. Unglaublich. Auf einmal öffnete sich die Unterwelt einen Spalt und versprach Hoffnung, so wie damals bei Merope, als sie mir half den Tod zu überlisten.
Darum war ja Hades so sauer auf mich. Und überhaupt waren damals die Götter noch zu mächtig. Nun gut, ums kurz zu machen, wir landeten in Sissy's Wohnung. Erstmals nach einer Ewigkeit landete ich wieder in einer menschlichen Behausung und das Leben wurde mir wieder bewusst.

4. SZENE
Der Morgen

Zimmer mit Bett, Sissy und Sisyphos 3 schlafen, es dämmert zum Morgen. Schräges Sonnenlicht durch's Fenster, Sissy schreckt auf:

Sissy Voss

> Es wird hell! Meine Linsen! Ohhh!
> Er kennt mich nur blauäugig.

Sissy steht auf, geht vorsichtig zum Badezimmer, verschwindet. Sisyphos 3 wacht langsam auf, reibt sich die Augen, schaut sich ungläubig um

Sisyphos 3

> Wo bin ich?

Setzt sich auf, schaut sich um

> Das kann die Unterwelt nicht sein.
> Ach so - ja ...Sissy.
> *(verträumt)* Augenblau ...

Ruft ungläubig, ob es auch wahr ist

> Sissy?

Sissy Voss

Von nebenan

> Willst Du einen Café?

Sisyphos 3

> Oh, ja! Gerne!

Klappern von nebenan.
Sisyphos 3 steht auf, streckt sich, sieht ein Radio auf dem Regal an der Wand. Geht vorsichtig, drückt - das Radio spielt.

Radio

> ».... Sie hören die Frühnachrichten.
> Nach den bereits angekündigten
> Entlassungen wurden nun im Rahmen der
> Rationalisierungs-maßnahmen der
> General Potus GmbH auch die Olympier

Werke endgültig geschlossen.
Die Aktionäre nahmen dies unter Protest
zur Kenntnis, da sämtliche Wertpapiere
ersatzlos aufgelöst werden mussten.
Das als Olymp bekannte Firmengelände
wird vom Staat übernommen und in
einen Naturpark umgewandelt.
In der umstrittenen Bankeninitiative ist
noch keine Einigung erzielt worden.
Die Verhandlungen wurden vertagt, um
eine gesamteuropäische Lösung zu
finden.
Und nun zum Wetter:

Aktueller Wetterbericht, geht im Hintergrund weiter.«

Sissy kommt mit dem Kaffee herein.

Sissy Voss

Guten Morgen

Sisyphos 3

Morgen Sissy

Sissy ist etwas verlegen

Sissy Voss

Also. Nicht, dass Du glaubst -
ich meine -
Du meinst hoffentlich nicht ...

Sisyphos 3

Waas?

Sissy Voss

also, dass ich - immer gleich einen mit
nach Hause nehme.

Sisyphos 3

Ach so, nein, natürlich nicht.

Sissy Voss

Also, das mach' ich sonst nie so!

Sisyphos 3

Das hab ich auch gedacht - so -
ich meine - nicht.

Sissy Voss

Eben. Also - bei uns ist das was anderes.

Sisyphos 3

Ja, ganz anders.

Sissy Voss

Ja. Jetzt muss ich dann zur Arbeit.

Sisyphos 3

Ach so. Natürlich. Macht's Spaß, die
Arbeit?

Sissy Voss

Ne, also - manchmal - aber eigentlich -
nicht so recht.

Sisyphos 3

Warum tust Du es dann?

Sissy Voss

Lacht etwas zynisch

Und wer bezahlt meine Miete?

Sisyphos 3

Ja, ach so. Natürlich.

Sissy Voss

Siehste?!

Sisyphos 3

Was machst Du heut Abend?

Sissy Voss

Heut Abend hab ich keine Zeit.

Sisyphos 3

Ach so.

Sissy Voss

Ja. Heut Abend muss ich schoppen.

Sisyphos 3

Ah ... Ja.

Sissy Voss

Ja! Heut hab ich früher aus. Das ist mein Shopping-Tag!

Sisyphos 3

Dann macht's doch irgendwie Spaß?

Sissy Voss

Ja - **DAS** schon!

Sisyphos 3

Was macht denn keinen Spaß!

Sissy Voss

Es muss immer alles noch schneller gehen, noch bessere Zahlen, und Zahlen und zahlen, und immer diese Zahlen ... immer diese Statistik!
Alles wie am Fließband - heiß ich etwa Sisyphos?

Sisyphos 3

Sisyphos 3 bleibt an den blauen Augen hängen.

Glaub nicht ...

Sissy Voss

Also, ich muss dann.
Zieh einfach die Tür zu, wenn Du gehst.

Lächelt ihn an im Gehen.

Schönen Tag, ruf mich an.

Sissy geht ab. Sisyphos 3 schaut ihr nach.

Sisyphos 3
nachdenklich vor sich hin

«Heiß ich Sisyphos?»
Ne! Du nicht! Ich bin der Sisyphos!
Da muss sich jetzt was ändern!
Aber wie?

Gut, vom Tartaros bis Mount Clean hab'
ich's auch geschafft.
Konzentrier' dich, Sisyphos!
Wie hat das noch funktioniert?

Sisyphos 1 wieder sichtbar, poliert seinen Stein, schaut auf.

Nahtlos übergehend in Szene 5.

5. SZENE
Sisyphos steigt aus

Sisyphos 1

Ja, meine Lieben.
Damit alles so seine Wendungen und
Windungen aus dem Tartaros und zurück
ins Leben nehmen konnte, dazu bedurfte
es einiger Erkenntnis. Und vor allem
bedurfte es des **Mutes**, diese
umzusetzen.
Lasst uns einen Blick zurück werfen,
dahin, wo die Überlieferung lückenhaft
ist. Das ist sie meist da, wo die Ereignisse
am wichtigsten sind. So auch hier. Es
scheint, dass es zwischen der Wirklichkeit
und der Überlieferung hin und wieder
einige Interessenskonflikte gibt.
Schaut selbst.

Rückblick: Licht auf Sisyphos 2 am Berg, stößt und stöhnt.

Sisyphos 2

Ich werde es schaffen! Ha! Ich kann es
schaffen! Wär ja gelacht!!!
Bei den Göttern! Ha!!!

Stößt wieder ein Stück aufwärts, angestrengt

Wieviel Mal war ich schon an dieser
Stelle?

100 Mal? 200 Mal? 2'000 Mal?
200'000 tausend Mal!?
Ich weiß es nicht mehr - Ewigkeiten!
Hätte langsam mal einen Bonus
verdient!!! Verdammt!!!!

Rutscht ein Stück zurück, schreit ins All.

Sklaventreiber!

Echooooo

Donnerkeil mit Blitz

Sisyphos 2 fährt zusammen, aber weniger als am Anfang.

Immer diese dämlichen Donnerkeile!

Stutzt - überlegt

Aber - irgendwie komisch.
Die sind laut - es blitzt - eindrucksvoll!
Aber – aaaa ...ber?

Erstaunt

Es passiert nie wirklich etwas.
Das könnten - ja - es könnten doch
einfach - nur - Attrappen sein!?

Donnerkeil mit Blitz, kracht fürchterlich, demonstrativ

*Sisyphos 2 zuckt nur noch leicht, fängt dann ganz langsam
an zu lachen, kurzes Staccato, immer mehr bis es ihn schüttelt und er den Stein fest halten muss, damit er ihm nicht
schon wieder entgleitet.*

*Im Lachen beginnt er zu Skandieren, dazu immer wieder
Donnerkeile, ev. schwächer werdend, ohne jede Wirkung:*

Sklaventreiber! Sklaventreiber!
Sklaventreiber! Sklaventreiber!
Sklaventreiber! Sklaventreiber!
Sklaventreiber! Sklaventr....

*Schlagartig wird Sisyphos 2 ruhig, als wäre die große
Eingebung über ihn gekommen:*

Sisyphos 2

Das ist interessant!
Keine Wirkung! Wirklich nicht!
Ergo - der ganze Firlefanz mit dem Stein,
dem Tartaros, der Götterbeleidigung -
Ha! Das Urteil vom Zeus - Ha!

Faust nach oben

Prinz Karneval im Olymp! Ha! ha! Ha!

Gewaltiger Donnerkeil

Sisyphos 2 lacht

Alles ´ne schlaffe Maskerade! Ha! Ha!
Ha!!! Stiere Zeusomanie!

Zu Zeus nach oben - gedehnt:

Weißt Du, was ich jetzt mach?!
Jawoll! Schau nur zu!

*Sisyphos 2 wuchtet den Stein herum
und schleudert ihn ins Tal.*

AAAAHHHHH-Hah!

Echo

Schau nur, wie schön du poltern kannst,
du Stein, du zeusiger! Ha!
Du hüpfst ja wie ein Vögelchen,
leicht und munter, ha!
immer runter, ha ha ha ha ha.

Also, jetzt fängt es an, mir zu gefallen.

Brünstig

Mich befällt eine tartarische Lust!
Schau mal, du bist schon fast im Tal,
du Stein - und - direkt auf den -
ja das ist ja der Gipfel! -
direkt auf den Tempel des Zeus zu!
Bei den Göttern!
Und jetzt - jaaaahhh! Karacho! -
voll hinein in die Säulen!!!

Sisyphos 2 klatscht Beifall.

*Donnern, diesmal nicht von Donnerkeilen, sondern vom
Zusammenbruch des Tempels.*

Bewundernd.

Alle Neune! Rummms! Da fallen sie um,
die Säulen, das Dach stürzt ein, die
Statue des Zeus verliert den Kopf, was
denn sonst! - Ob er den jemals gebraucht
hat? - Na, egal!

Ich hab noch nie etwas soooo schön
zusammen fallen sehen!!![11]

Atmet tief durch

Irgendwie fühlt sich das jetzt total leicht
an. Bisschen ungewohnt, aber gut.

---

[11] Hommage an die letzte Sequenz im Film »Alexis Sorbas«

Sisyphos 2 macht sich auf den Weg ins Tal.

Mal sehen, ob das Leben noch stattfindet, da unten, oder besser, da oben.

Ja - das ist komisch! Wenn man aus der Unterwelt raus will, muss man ganz unten durch's Tal und kommt oben in der Oberwelt wieder raus.

Nun, sollen das später die Physiker lösen. Ich geh' jetzt. Ich bin denn mal weg!

Sisyphos 2 geht ab

Sisyphos 1 wird wieder sichtbar, lächelt seinen Stein in der Hand an, schlägt sein Staubtuch aus

Sisyphos 1

Ja, meine Lieben. Das war eine mutige Sache. Ich denke immer noch gerne an den Augenblick, als ich diese Machtspielchen durchschaute. Das gab so richtig einen inneren Ruck! Ich erinnere mich **so** gerne an diesen Augenblick, dass ich diese Miniatur meines Steines immer bei mir trage, als Talisman sozusagen, gegen das Vergessen.

Zeigt seinen Stein in der Hand

Talisman? Braucht man das im Jenseits, werdet ihr fragen?
Nöö, **brauchen** nicht - aber es ist schön. Ja, und ganz so leicht, wie ich es damals dachte, war es, wie gesagt, auch wieder nicht.
Das Gewohnte haftet, ob man es will oder nicht. Selbst gewohntes Leiden hat diese Eigenschaft. Das ist fatal und bremst unsere Entwicklung manchmal gewaltig.

Musikintro zu Szene 6 setzt leise ein

Aber keine Angst, auch das geht vorbei, und so wird aus Traum und Tag eine neue Welt. Die sieht man nicht immer gleich -

aber ein Stück weit erleben kann man sie
schon vorher.
Lasst uns also ein wenig träumen.

Zirkusansage. Musik baut sich auf.

Seid herzlich willkommen im Kreise der
Götter und Menschen.
Hier ist alles Spiel,
und alles kann sein.
Nichts ist unmöglich,
kommt einfach herein,
der Chor lädt euch ein
zum menschlichen Reigen,
will einen Blick in euren Spiegel euch
zeigen.
Tretet ein in den Kreis der Götter und
Menschen.

Nahtlos zu Szene 6

Licht überblendet von Sisyphos 1 zur Szene / Hauptbühne.

6. SZENE

Der Tanz um den goldenen Stein

Traumsphäre - Musik Intro, verträumt und getragen: Thema »König von Thule«. Langsam wird der große Stein in der Mitte sichtbar, er ist jetzt ganz in Gold - Symbolon der Fronarbeit - große Schrift auf dem Stein: »Arbeit macht High!« - Drum herum mythisches Dunkel.

Zeus, mit der gleichen Plastiktüte wie im Gericht, Hera, Poseidon, Hermes, Hades mit Sonnenbrille, Proteos, alle ziemlich verlumpt, Obdachlosenrunde, Sisyphos 2.
*Sie stehen im Halbkreis wie ein **Tragödien-Chor**:*
von links: Poseidon - Hades - Sisyphos 2 - Merope - Hermes - Hera - Proteos - Zeus

Unter der Einleitungsmusik, Sprechgesang.

Zeus

> Wir sind die Hüter des goldenen Steines,
> wir hüten die Macht für großes und
> Kleines,

Poseidon

> Wir hüten die Fülle, für Götter bestimmt,
> und für Könige, denen wir wohlgesinnt,

Hades

> Wir hüten den Mangel im irdischen
> Kreise,
> der den Menschen unter die Mächtigen
> weise,

Hermes

> So bringen wir Götter durch Mangel und
> Fülle
> die Hierarchie in die richtige Hülle.

Merope

> Die Vielen unten, die Wenigen oben,
> so wird der Mangel nicht aufgehoben,

Sisyphos 2

> Und Fülle bleibt den Göttern erhalten,
> der Mensch muss die steinige Arbeit
> gestalten.

Refrain als Sprechgesang unisono unter dem Intro und den Überleitungen:

*Beim Chor wechselt der verträumte 6/8 Takt
in 3/8 Staccato / Sprechgesang*

Chor

> Wir träumen das Leben
> von Königen eben,
> und leben das Träumen,
> um viel zu versäumen.

Sisyphos 2 träumt, tritt etwas hervor, singt (Melodie »König von Thule«)

Sisyphos 2

> Es war einmal ein König,
> der hatte einen großen Stein,
> den schiebt er gar nicht wenig,
> als wär's das Liebste sein.
>
> Das war's natürlich nimmer,
> er fühlte arge Pein,
> er hatte keinen Schimmer,
> wozu das gut sollt sein.
>
> Das sollt' so ewig gehen,
> Verzweiflung fiel ihn an,
> das Leben würd' vergehen,
> bevor der Sinn begann.

Chor

> Wir träumen das Leben
> von Königen eben,
> und leben das Träumen,
> um viel zu versäumen.

Sisyphos 2 tanzt, reiht sich für den Chor wieder ein.

Zeus

> Von Zeus war es beschlossen,
> Die Straf' sollt ewig sein,
> der Mensch, er sei verdrossen,
> und untertan und klein.

> Doch dämmert es den Göttern
> so langsam im Olymp,
> dass Menschen ihre Vettern
> im Eigentlichen sind.

Chor

> Wir träumen das Leben
> von Königen eben,
> und leben das Träumen,
> um viel zu versäumen.

Zeus tanzt, reiht sich für den Chor wieder ein.

Hera

> Von Stieren und von Schwänen
> da hab' ich jetzt genug,
> von Göttertreue wähnen,
> zum Kuckuck, das ist Trug.

> Und Zeus's Projekt Europa,

Zeigt auf Zeus, der tanzt.

> Globalisierungs-Wahn,
> verarmt sind Kind und Opa,
> seht euch den Stein nur an.

Chor

> Wir träumen das Leben
> von Königen eben,
> und leben das Träumen,
> um viel zu versäumen.

Hera tanzt, reiht sich zum Chor wieder ein.

Hermes

> Der Stein, Symbol der Arbeit,
> mit Müh' und Schweiß und Plag',
> dass kaum ein Mensch noch Zeit hat,
> noch Wohlstand haben mag.

Sisyphos 2

> Lange hat der Mangel regiert
> beim Volk als Untertanen,
> und Mangel, der die Macht gebiert,
> kannt' man schon bei den Ahnen.
>
> Drum ist jetzt Schluss mit Hierarchie
> obwohl wir sie gewohnt,
> wir woll'n die Lebensmelodie,
> für die das Leben lohnt.

Chor

> Wir träumen das Leben
> von Königen eben,
> und leben das Träumen,
> um viel zu versäumen.

Merope

> Wir tanzen um den gold'nen Stein
> ein allerletztes Mal,
> dann woll'n wir wieder Könige sein,
> wir **alle** allzumal.

Chor

> Wir träumen das Leben
> von Königen eben,
> und leben die Träume,
> die niemand versäume!

Musik wird poppig, Schlagzeug von 3-er auf 5-er Takt.
Zirkusbeleuchtung.

Poseidon wird sichtbar, tritt hervor, hat eine Papierkrone auf,
auf seinem Dreizack viele Kronen zum Verteilen, Sprechgesang
(Poseidon kann ja nicht singen mit seiner rauen Stimme.)
Wie eine Zirkusansage...

Poseidon

> Ja, meine Damen und Herren, Kinder und
> Greise, verehrtes Publikum! Der Tanz um
> das goldene Kalb - ähhh, -
> Verzeihung, das war die andere

Geschichte - der Tanz um den goldenen
Stein geht zu Ende.

Bruch. Wie im Gericht

Jawoll! Wird auch Zeit!!!

Bruch, Zirkus

Der Berg ist kein Thema mehr!
Willkommen im Königreich der
Bedingungslosigkeit:
Hier ist **jeder** ein König!
Greifen Sie zu!
Greifen Sie zu!
Es ist genug für alle da!
Es gibt eine Krone für ALLE!

Applaus im Halbrund.

Musik wechselt auf einen 7-er Takt ♪

*Poseidon geht zu allen im Halbrund, gibt einem nach dem
anderen eine Krone: Hades - Sisyphos 2 - Hermes - Hera -
Proteos - Zeus, rituell wie im Abendmahl.*

Poseidon

Nimm hin .... Nimm hin .... Nimm hin ....
Nimm hin .... Nimm hin ....

Zu Zeus:

Poseidon

Sogar **Du** kriegst eine.

*Zeus grinst breit und verbeugt sich,
ironisch mit ausladender Geste:*

Zeus

Der Dank der Götter sei Dir gewiss!

*Alle halten ihre Krone vor sich in den Händen. Sisyphos 2 hebt
seine Krone hoch über den Kopf, bewundert sie, strahlt,
alle anderen tun es ihm nach.
Langsam senken sie die Kronen rituell auf den Kopf herab.
Beim Aufsetzen auf den Kopf synchron **Schlußakkord**.*

Black

7. SZENE
Arbeitsamt

Arbeitsamt. Sisyphos 3 steht an - mit vielen anderen.
Zeus alias Jovian Kronosson, Hera alias Heike Herr, Poseidon
alias Don Posse, Hermes alias Hermann Mes, Hades alias Hasse
Dunkel mit Sonnenbrille, Proteos alias Justus Proll.
Justus Proll hängt überall herum, improvisiert, kommt nicht zu
Wort, probiert es hier und da, wird aber immer abgewürgt.
Sie sitzen auf den umliegenden Stühlen / Bänken herum oder
gehen auf und ab.
Alle sind schlecht gekleidet, jeder hat seine eigene Plastiktüte,
nur Justus Proll hat noch seine Aktentasche, total verschlissen,
alle mit Flipflops.
Wessi Wello, der Hausmeister hat blitzblanke schwarze Schuhe,
läuft ab und zu herum, tut wichtig mit seinem Werkzeugkasten.
Vorne am Schalter steht Jovian Kronosson, gut erkennbar als Zeus.

Jovian Kronosson

> Guten Tag, ich bin neu, ich möchte mich
> vorstellen ...

Beamter
Unterbricht

> Name!

Jovian Kronosson

> Kronos-son

Beamter

> Vorname!

Jovian Kronosson

> Jovian

Beamter

> Geboren!

Jovian Kronosson
zu sich

Verdammt! Das glaubt mir hier sowieso keiner. Also. Ehh.

laut

Ja! 1968

Beamter

Wo?

Jovian Kronosson

Lasithi, Kreta, Griechenland![12]

Beamter

Ah -

sieht auf

Ausländer - !
Hhmm! Kreta? -
und 'n Schwedischer Name?
Soso!

Jovian Kronosson

Europäer! War schließlich **MEIN** Projekt!
Europa! Jawoll!

schnauft
*Gibt seinen Paß rüber. Beamter stöhnt genervt -
schon wieder so ein verrückter*

Beamter

Ja ja, füllen Sie das mal hier aus!
Da »Nummer 738«. Sie werden
aufgerufen!

Laut

Der Nächste bitte!!!

*Zeus alias Kronosson geht zurück, sieht Sisyphos 3,
geht auf ihn zu*

---

[12] Kronos, der Vater von Zeus verschlang nach der Geburt alle seine Kinder, aus diesem Grund gebar Rhea den Zeus in einer Höhle der Lasithi Hochebene auf Kreta.

Jovian Kronosson

> Ja, da schau her! Das ist eine
> Überraschung! Der Sisyphos!
> Mein Gott, ist das lange her!

Sisyphos 3

Schaut ihn genau an, ungläubig

> Ja? - Das glaub' ich jetzt nicht!
> Sag, dass es nicht wahr ist ...
> Das ist jetzt aber nicht wieder so eine
> olympische Finte?!

Jovian Kronosson

> Doch, ehhh – nein, nein!
> Du siehst richtig. Ich bin's! Ja!
> Aber keine Finte! Ehrenwort!

Sisyphos 3

> Also ich weiß nicht? Götterehrenwort?
> Na ja.

Jovian Kronosson

> Strich unter die alten Geschichten, wir
> wollen uns jetzt nicht in Jahrtausenden
> verlieren. Ich bin auch hier gelandet.

Sisyphos 3 steht, schaut erstaunt

Sisyphos 3

> Ja, wirklich! Zeus! In personam!
> Hätte ich nicht gedacht.

Kopfschüttelnd zu sich selbst

> Eben noch im Olymp, und schon auf der
> Show-Bühne von Hartz 5.
> Welch eine Karriere!!!
> Dass das einem Zeus passiert!?

Jovian Kronosson

> Was?! Hartz 5?! Ich hatte von Hartz 4 gehört. Mit der 5 schwant mir nichts Gutes.

Sisyphos 3

> Nee! Die 4 ist auch schon wieder überholt. Na ja, kein Wunder! Aber egal! Die 5 ist der gleiche Flop! Flickwerk bleibt Flickwerk, egal in welcher Version! Wir brauchen etwas **grund**-legend Neues, so was, das uns ´ne **Basis** gibt!
> So was ha'm die hier nicht.

Zynisch

> Was tun - sprach Zeus? Die Götter sind - beurlaubt!

lacht

Jovian Kronosson

> Psssst! ich heiße hier Kronosson. Kronos - Sohn eben. Das mit Zeus kriegen die hier nicht auf die Reihe!
> Das gibt nur Probleme.

Sisyphos 3
Bedeutungsvoll

> Ja! Da kann ich 'n Lied von singen!

Jovian Kronosson
Lenkt ab

> Ja, mein lieber Sisyphos, -

Sisyphos 3
verdutzt

> Wieso - mein Lieber ...?

Jovian Kronosson

> ja, also - das ist eine lange Geschichte.

Windet sich

> Übrigens, du kannst mich Jovian nennen, oder für meine Freunde: »Schovi« -

Eben, wie es scheint, sind wir Götter auch arbeitslos geworden.

Sisyphos 3

Kann vor Lachen kaum an sich halten

Der Olymp arbeitslos!
Das hätte mir **damals** jemand sagen sollen!!!

Jovian Kronosson

Etwas ärgerlich

Ja, ja! Schon gut!
Wie man sieht, es ist ziemlich viel im Wandel begriffen.

Sisyphos 3

Also, auf den Punkt gebracht:

Ungläubig

Du bist jetzt schlicht und einfach - ein Kumpel?

Jovian Kronosson

Gut, ja! - ähh -
Das kann man - so sagen, ja.

Sisyphos 3

Mein Gott! Und wie ich sehe, schwirren da noch einige andere von Deiner »Abteilung« rum.

Jovian Kronosson

Das ist es ja! Wir sind vollständig hier!
Der Olymp ist komplett **dicht**.
Alle entlassen, **nix** mehr, aus! -
Und das schon über zweitausend Jahre.

Schüttelt in einem Anflug von Verzweiflung den Kopf

Sisyphos 3

braust auf

Was?!! So lange schon? Da hab ich ja umsonst Überstunden gemacht!

Jovian Kronosson

Das darfst Du nicht so eng sehen.
Tröste dich! Wir haben es ja selber erst
kürzlich gemerkt.

Sisyphos 3

Typisch!

Jovian Kronosson

Unsere Überstunden sind auch
gestrichen!

einschmeichelnd

Schau mal, inzwischen ist aber mein
Projekt »Europa« gewaltig weiter
entwickelt worden.

Hera alias Heike Herr tauch auf, verliert einen Flipflop

Heike Herr

Mann, zum Kuckuck!, wat laberst Du da
wieder rum! Ich dachte, ich bin diese
Tussi von Europa endlich los, da fängste
schon wieder an! Immer dat selbe!

*Holt den verlorenen Flipflop und zieht ihn wieder an.
Entfernt sich schmollend*

Jovian Kronosson

zu Sisyphos 3

Du musst die nicht ernst nehmen, die
hängt immer noch in der Vergangenheit.
Sie meint, das Arbeitsamt is'n Besuch in
der Unterwelt! Ist ja verständlich!

Hasse Dunkel

Gaaaaanz unschöööön!

Jovian Kronosson

Europa ist ein echt heißes Projekt -
in **meiner** Version natürlich! Die Typen
von der heutigen Politeia[13] haben's nur

---

[13] Politeia, Platons berühmtestes Werk über den Staat, und im weitesten Sinne über die Gerechtigkeit.

noch nicht verstanden. Die, die meinen, sie seien jetzt da »oben«! Der hartzige Zauber, den die hier vom Stapel lassen, das hat doch keine Zukunft.

Donner von draußen, Kronosson schaut verwundert auf [3]

Jovian Kronosson

Wer war das?

Sisyphos 3

Ein Gewitter, Regen ist angesagt. Dachtest Du, da spielt einer mit Deinen Donnerkeilen?

Lacht

Jovian Kronosson

Ach was! Ist doch alles weg.
Die Donnerkeile sind auch in der Konkursmasse gelandet.
Keinen Respekt, diese Manager heutzutage!

Poseidon alias Don Posse kommt von draußen mit seinem Dreizack und Plastiktüte, will ins Arbeitsamt. Don Posse zieht seine Flipflops aus, stellt sie fein säuberlich an die Tür und will eintreten. Wessi Wello, der Hausmeister, läßt ihn nicht rein mit dem Dreizack.

Wessi Wello

He! hallo! Halloooo!!! Stop! Mit dem Ding kommen sie hier nicht rein!

Don Posse

Jawoll! Komm ich! Wird aber Zeit!
Ich komm hier rein!

Wessi Wello

Nee! Nix is! Nur ohne das Ding da!

Don Posse

Hej Mann!!! Das **is** kein Ding!
Nicht ohne meinen Dreizack! Jawoll!

Wessi Wello

Is mir egal! Nur ohne dein Drei-Dings!

Don Posse

Himmel Herrgott!

Barfuß, stößt seinen Dreizack gewaltig in die Erde, zieht den linken Fuß erschreckt zurück, den er fast getroffen hätte
Nichts geschieht.

Don Posse schaut sich entgeistert um. Stößt noch mal. Wieder nichts. Verzweifelter Blick

Don Posse

Waas! Kein Erdbeben?!
Kein Tsunami?!

Versucht es ein letztes Mal - stellt sich gewaltig in Pose - wieder nichts. Tritt von einem Bein aufs andere
Schaut sich verzweifelt um

Don Posse

Verdammte Scheiße! - bei Scylla[14] und Charybdis! Auch das funktioniert nicht mehr!

Bricht den Dreizack entzwei und wirft ihn weg

Wessi Wello

Ja, jetzt ist gut! Kommen se rein - können'se raus gucken.

grinst hämisch

Während Don Posse an Wessi Wello schnaubend vorbei geht, kommt Angelo Scheinmarck aus dem Besprechungszimmer, sieht Wessi Wello, grinst breit und schadenfroh

Angelo Scheinmarck

Zu Wessi Wello

Ahhh! Unser schillernder Wessi Wello! Wo man sich doch wieder trifft! Eben noch großer Vorsitzender seiner Partei, und schon mitten drin in den Folgen ihrer Politik ...

---

[14] Meerungeheuer an der Meerenge von Messina, lagen sich gegenüber. Bei der Durchfahrt von Odysseus wurde sechs seiner Gefährten gefressen.

Wollte die Partei nicht mehr mit Ihnen?
Oder wollten Sie endlich mal sehen,
wo es - hartzt!?

Lacht schallend schadenfroh

Wessi Wello

Mit beleidigter Arroganz

Ich hab immerhin einen Job!
Herr Scheinmarck! Sie - nicht - mehr!
Sie Finanzgenie!

Angelo Scheinmarck

Ignoriert die Bemerkung

Glückwunsch! Da kommt direkt ein Sinn
für's Praktische zum Vorschein?

lacht

Und das erste Mal seh' ich Sie mit einem
Werkzeugkasten! - Werkzeug hatten Sie
ja bisher noch nie!

Kann kaum an sich halten vor Lachen

Oh, pardon - außer Ihren Schuhen
natürlich.

Wessi Wello

Mit Ihnen red' ich doch gar nicht!
Sie - Defizit-Verteiler!
Steuerparadies-Schänder!!!

Wessi Wello dreht sich um, geht

Angelo Scheinmarck

Zu Don Posse, der aber nicht richtig zuhört

Der war mal ganz oben in der Partei.
Hat sich um Kopf und Kragen geredet.
Hat sich aufgeführt wie ein Zeus im
Olymp!

*Jovian Kronosson will protestieren, Don Posse hält ihn aber
gerade noch zurück*

Und jetzt: Hausmeister im Hartz! Tolle
Nummer! Als wär's ein Stück von Ihm!

Lacht schallend

Don Posse

> Egal.

Angelo Scheinmarck

Schaut sich um

> Erst gegen Arbeitslose hetzen, und dann
> hier den »Meister des Hauses« spielen!

Heike Herr

> Der is grad so wie bei uns im Haus der
> Katschmareck[15] - alles im Griff! –
> nur ist der hier viel besser angezogen.

Don Posse

> Jawoll!

Sisyphos 3

Greift den Faden wieder auf, zu Kronosson

> Und ihr habt jetzt 'ne Lösung?!
> Da bin ich aber mal gespannt!!!

Jovian Kronosson

> Schau Sisyphos. Ich versteh ja, dass Du
> sauer bist auf uns. Wär ich auch an
> Deiner Stelle. Aber stell' Dir vor:
> Wir Unsterblichen waren doch irgendwie
> – heute würde man sagen: Unternehmer!
> Damit könnte man uns im weitesten
> Sinne vergleichen.
> Oder Umgekehrt: Wir Unternehmer
> sterben nie aus! Ganz wie Du willst.

Angelo Scheinmarck

> Ist ja mein Reden, eben seit
> neunzehnhundertzweiundachtzig ...

Jovian Kronosson

Zu Scheinmarck

> Ruhe, wir lassen uns hier nicht verkohlen!

---

[15] Kleine Hommage an die »Bläckföss« mit ihrem Song »Huusmeister«

Zu Sisyphos 3

Und das hat ja auch was Gutes,
wenn man es mal ganz neu anpackt!
Klingelt's?

Sisyphos 3

Ne, das versteh' ich jetzt nicht.

Jovian Kronosson

Na schau. Unternehmer müssen flexibel
sein. Das haben wir Götter lernen
müssen. Aber Unternehmer sind es doch
auch, die was in Gang bringen. Und jetzt
kommt es darauf an, dass man die
Unternehmer besonders im **Kleinen** ...

Zeigefinger

... richtig versteht und vor allem gelten
lässt. Jeder ist ein Unternehmer, wenn er
will. Nicht immer so'ne Gigantomanie von
Wenigen. Die Titanen sind lange vorbei.
Das wollten sie auch nicht begreifen.
Bis sie weg vom Fenster waren!
Und jetzt - jetzt müssen sie's langsam
begreifen! Diese **Bonifresser**!
Gehorsam war gestern!
Wir müssen was unter**nehmen**!
Wir alle! Nicht **die**, die meinen, sie seien
da oben! **Das** Spiel kennen wir ja schon!
Hat nur **wenige** reich gemacht. Geht
aber nicht um ein paar reiche Titanen!
Bei den Göttern!
Das funktioniert nicht mehr!
Wir müssen was unternehmen,
wir »**Kleinen**«.

Sisyphos 3
sehr ironisch

Ach was, **IHR**? - **Kleinen**?

Don Posse

Geht immer unruhig auf und ab, kommt gerade vorbei an den beiden

Jawoll! WIR! Wird aber auch Zeit!

Jovian Kronosson

WIR **alle**! Sisyphos, Du auch! **WIR** alle hier! Bevor die uns ausgehartzt haben! Klingelt's jetzt?!

Sisyphos 3

Aha! - ähh - Neee.

Hermes alias Herman Mes kommt dazu

Jovian Kronosson

Ach, der Herr Mes!
Im richtigen Augenblick, wie immer!
Erkläre Du doch unserem werten Sisyphos die Zukunft?

Herr Mes ist der Einzige, der immer recht seriös bleibt, der typische Diplomat eben

Herr Mes

Also fangen wir an.
Ums kurz zu machen:
Du suchst einen **Arbeitsplatz**?

Sisyphos 3

Ja.

Herr Mes

Warum?

Sisyphos 3

Wer bezahlt sonst meine Miete?

Herr Mes

Also suchst Du einen -
Einkommens-Platz?

Sisyphos 3

Ist das nicht dasselbe?

Herr Mes

> Nicht unbedingt. Einkommen wird nicht notwendigerweise durch Arbeit erzielt, und Arbeit - wird nicht immer mit Einkommen belohnt, wie Du vielleicht schon bemerkt hast?

Sisyphos 3

> Aha, verstehe! Da heißen also noch andere Sisyphos?

Kronosson lächelt, nickt fleißig

Herr Mes

> Allerdings! Sehr viele, sie wissen es nur nicht alle. Wahrscheinlich die wenigsten.

Sisyphos 3

> Und ihr - habt ´ne Lösung?

Herr Mes

> Kaum zu glauben, aber wahr. Bei den Göttern.

lächelt

Sisyphos 3

> Und wo ist das Problem?

Angelo Scheinmarck

> Die Steuerparadiese natürlich!
> Die sind das Problem!

Sisyphos 3
Ereifert sich

> So ein Quatsch! Wo soll ich wohl ein Steuerparadies her haben?!

Greift in die Hosentaschen, zeigt den Miniatur-Stein

> Natürlich! Ich war doch »Stein-Reich« - ha ha ha!

Herr Mes
Überhört den Angelo Scheinmarck und ignoriert ihn

Es gibt zwei Probleme.
Einmal das Abnehmen von
Einkommensplätzen -
wird immer gern beschönigt -
und zweitens der Kampf ums Überleben -
wird auch immer beschönigt.

Sisyphos 3

Das ist doch dasselbe, Einkommen,
Arbeit, Überleben.

Herr Mes

Nicht ganz.
Einkommen hat heute eigentlich nur mit
Geld zu tun.
Überleben aber heißt erst einmal:
Essen, Trinken und Dach über dem Kopf.
Ursprünglich bestand da mal kein
Zusammenhang. Wenn wir nun die
Einkommensplätze von den
Arbeitsplätzen lösen, bekommen wir
eine ganz neue gesellschaftliche
Landschaft.

Sisyphos 3

Hört sich ja ganz schön an.
Bleibt immer noch die Frage:
Wer bezahlt meine Miete?!

Herr Mes

Genau! Heute brauch jeder ein
Einkommen. Und zu diesem Zweck
bekommst Du von **Grund** auf ein
Einkommen - ein **Grund**einkommen
eben.

Sisyphos 3

Aha! Toll! - Ehh -
Und wofür bekomme ich das?

Herr Mes

Für Deine Miete - dein Essen.

Sisyphos 3

Neee! Ich meine, was muss ich dafür tun?

Herr Mes

Leben!

Sisyphos 3

Leben? Moment mal! Einfach nur leben? - Ja - und das reicht?!

Herr Mes

Das reicht! Das Grundeinkommen ist - bedingungslos. Es ist ein Grundrecht. Für jeden lebenden Menschen.
Die Lösung der »Europäischen Frage« im weitesten Sinne, é voila!

Sisyphos 3

Das ist ja ganz was Neues! Bei den Göttern! Einfach **bedingungslos**?!

Herr Mes

Na ja, so neu ist das auch nicht. Aber es wurde noch nie so richtig umgesetzt. Das stimmt.
Es gab immer wieder Menschen, die das versucht haben, und immer welche, die das nicht zugelassen haben. Ich will dich jetzt nicht mit Geschichte langweilen, davon hast du ja selber genug.
Aber schon damals, vor etwa 2000 Jahren, gab's mal einen, der hat die Bedingungslosigkeit regelrecht gepredigt. Aber den haben sie dafür ans Kreuz genagelt. Und dann haben sie ganz schnell eine Religion draus gemacht - und 2000 Jahre **Bedingungen** gepredigt.

Ja, und dabei kam die Lust auf den Scheiterhaufen - und die Lustknaben

landeten unter der Kutte.
Aber eben.

Im Hintergrund taucht wieder Wessi Wello, der Hausmeister, auf, mit Werkzeugkasten und Arbeitskittel, setzt ihn in der Nähe der Redenden ab, werkelt etwas.

Jovian Kronosson

Und hier kommt mein »Projekt Europa«
in seiner **ganz neuen** Version ins Spiel.

Wessi Wello horcht auf

Heike Herr

Mein **Gott**! Schon wieder diese Schlampe
Europa, kaum hörste wat von Lust.

Schießt einen Flipflop weg, humpelt hinterher.
Jovian Kronosson wirft ihr einen bösen Blick nach,
wieder zu Sisyphos 3

Jovian Kronosson

Rezitiert fast zeremoniell und langsam

Für jeden lebenden Menschen
- von Geburt bis zum Tod wächst -
sozusagen von unten her -
ein Grundeinkommen **bedingungslos** in
seine Existenz hinein, genug,
dass jeder menschenwürdig leben kann.

Wessi Wello

Posaunt laut und ungefragt

Na! Das kann ja heiter werden!
Dann gibt's hier nur noch faule Säcke,
was!?

Jovian Kronosson

Jovian Kronosson hat Wessi Wello noch nicht so richtig mit-
bekommen

Aber Hallo! Wer sind SIE denn?!

Wessi Wello

Was?! Wer ICH bin?! Ha! Ich bin Wessi
Wello! - Der Haus**meister** - ...meister!

Ich sorge für Ordnung!
Mich kennt **JEDER**!

Die anderen schauen sich erstaunt an

Don Posse

Ach so?

Bruch - italienischer Singsang mit typischer Handbewegung

- Cretiiinoooo!

Jovian Kronosson wird böse

Jovian Kronosson

Nun aber mal halb lang, Herr **Welle!**

Wessi Wello

Wel**lOOO**, wenn ich bitten darf!

Jovian Kronosson

Dürfen Sie nicht! Idiotes!
Glauben Sie ja nicht, Sie können hier
über andere herziehen, nur weil Sie einen
Werkzeugkasten herumtragen,

Heftig mit dem Finger zeigend

...der nicht mal Ihnen gehört!!!

Don Posse

Jawoll! - Cretiiinoooo!

Hasse Dunkel

Das war jetzt aber ganz unschööön!

Wessi Wello

Ach! Jetzt aber Schluss mit dieser
spätrömischen Dekadenz!!!
Mit euch red' ich doch gar nicht.
Nur immer den anstrengungslosen
Wohlstand im Kopf! Geht mal lieber kalt
duschen! Warmduscher sind noch nie
weit gekommen! Jawoll!

Wessi Wello nimmt den Werkzeugkasten, klappert und ab

Heike Herr

> Und hasste die Schuhe gesehen von
> dem???

*Zeigt auf Wessi Wello's Schuhe, hat wieder einen ihrer Flip-
flops in der Hand*

> Immer sooo glänzende Schuhe!
> Und **DER** will gearbeitet haben?!
> Ha ha ha!

Don Posse

> Jawoll! Wird aber auch Zeit!

Hasse Dunkel

> Gaaaanz Unschöööön!

Angelo Scheinmarck

> Der war schon immer so. Wollte ganz
> hoch hinaus, aber innen drin war der
> schon immer Hausmeister -
> ...mit Abitur ...

biegt sich vor Lachen ...

Jovian Kronosson

> Spätrömisch! Idiotes! Ich und
> spätrömisch! Zu meiner Zeit war **der** da
> doch noch gar nicht **angedacht**!
> Ist ja **heute** noch'n Prototyp -

...hebt drohend den Zeigefinger ...

> mit Fehlzündung! Idiotes!!!

Angelo Scheinmarck

Lacht zynisch

> Angedacht war der noch nie!

Herr Mes will wieder schlichten

Herr Mes

> Zugegeben. Diese Hausmeister des
> Staates gleiten immer schnell ins
> Populistische ab. Aber eben.
> Kein Wunder ohne unseren

geschichtlichen Hintergrund.
›Es ist schade um die Menschen‹.[16]

Sisyphos 3

Haben wir nicht lange genug an
Problemen herum gedoktert?
Ist doch mal Zeit, sich endlich mit
Lösungen zu beschäftigen, und nicht mit
Flickwerk von Flops! Flops kann man
nicht nachbessern!
Da hab ich Erfahrung drin! -
Wie war das jetzt mit dem Projekt und
dem Grundeinkommen?

Herr Mes

Das Projekt beginnt da:
Das Grundeinkommen bringt das, was
zum Leben notwendig ist. Und es ist
bedingungslos. Das eröffnet eine ganz
neue Freiheit.
Da setzt das Projekt an. Bei der
Bedingungslosigkeit, bei der Freiheit.
Das Geld ist kein Problem, das ist ja zur
Genüge da, wie man sieht.
Und das ist **einfach** verteilt.
Einfach anders als bisher.

Angelo Scheinmarck

ruft von hinten rein

Ich sage nur: Bonifresser!

Herr Mes

Die **Freiheit** ist **das**, was viel neues
Lernen erfordert.

Hasse Dunkel

Schöööön!!!

---

[16] Zitat aus dem Traumspiel von Strindberg. Indras Tochter, die aus Mitleid
mit den Menschen auf die Erde kam, wiederholt diesen Satz immer wieder.

Sisyphos 3

Ah! Das kann ich nachvollziehen.
Wer lange unfrei war, dem haftet die
Unfreiheit wie der eigene Schatten an.
Die Unfreiheit ist zwar unangenehm, aber
das Gewohnte wird nicht gerne los
gelassen.

Jovian Kronosson

Genau! Lieber gewohnt unfrei, als
ungewohnt frei!
Du wirst es nicht glauben, aber für
manchen Gott ist es einfacher, die
Göttlichkeit loszulassen, als für einen
Unterdrückten die Unfreiheit!
Paradox, was?!

Don Posse

Jawoll!

Hasse Dunkel

Schöööön!

Herr Mes

Allein schon mit der
Bedingungslosigkeit müssen viele
Menschen umlernen. Obwohl das ein
Geburtsrecht ist. Ist auch paradox.

Jovian Kronosson

Und wenn es denn für **alle** ein
Grundeinkommen geben wird, also auch
für die Wohlhabenden und Reichen,
müssen viele noch mehr umdenken.

Sisyphos 3

Wieso auch für die Reichen und
Wohlhabenden?

Jovian Kronosson

Weil die Basis für alle gleich ist. Jeder
Mensch hat das gleiche Grundrecht.

Herr Mes

Das Entscheidende ist ja, dass das Grundeinkommen nicht einfach zu einem Verdienst hinzu kommt. Es wächst sozusagen **von unten** in das Einkommen hinein. Die Basis eben.

Sisyphos 3

Das versteh' ich nicht.

Hinten – Summton. Es leuchtet eine Tafel mit der »Nummer 738« auf.

Jovian Kronosson dreht sich um

Heike Herr

Hat gerade wieder einen Flipflop in der Hand, zeigt damit auf Jovian Kronosson

Ja! Du bist dran ...
Gluckst vor sich hin. Hält dann den Flipflop wie ein Mikrofon vor den Mund

»Europa sucht den Unternehmer«!
Ha Ha Ha ...
Jovian Kronosson schnaubt mit bösem Blick zu Heike Herr, zu den anderen

Jovian Kronosson

Ihr entschuldigt mich.
Ich wurde aufgerufen.
Kronosson geht würdevoll nach hinten zum Besprechungszimmer

Sisyphos 3
Grinsend zu Kronosson

Viel Glück!

Herr Mes

Wo waren wir stehen geblieben?

Sisyphos 3

Da, wo das Grundeinkommen von unten, oder so.

Herr Mes

Ah ja. Also, das ist die Basis für alle: das Grundeinkommen. Davon kann man leben, und das bekommt jeder.
Alles, was nun hinzuverdient wird, kommt einfach oben drauf.
Am Ende hat der Geringverdienende **mehr**. Der Gutverdienende hat **gleich viel**. Der Gutverdienende bekommt nämlich um das Grundeinkommen weniger.

Sisyphos 3

Das heißt, die Arbeitskräfte werden viel billiger und leben trotzdem besser.

Herr Mes

Genau!

Sisyphos 3

Das heißt dann auch, dass die Abwanderung in Billiglohnländer nicht mehr so attraktiv ist.

Herr Mes

Genau!

Sisyphos 3

Und mehr Arbeitsplätze hier erhalten bleiben.

Herr Mes

Genau!

Sisyphos 3

Und die Sozialkosten sind größtenteils auch schon vom Grundeinkommen abgedeckt.

Herr Mes

Ganz genau!

Sisyphos 3

Ich glaub, jetzt hab ich's verstanden!
Wieso haben wir das nicht schon früher
gemacht?!

Herr Mes

Früher gab es viel mehr Menschen mit
Lohnarbeit. Und diese Lohnarbeit reichte
aus, um für die wenigen Alten zu sorgen.
Dann haben immer mehr Maschinen die
Arbeit übernommen.
Die Einkommensplätze nahmen ab,
und sie werden weiter abnehmen.
Die Menschen werden immer älter,
und die Alten immer mehr.
Wie man es dreht und wendet: Das alte
System kann nicht mehr funktionieren.

Kronosson kommt zurück aus dem Beratungszimmer,
unterbricht

Jovian Kronosson

Total aufgebracht

Unglaublich!!! Was bilden die sich ein!!!
Wisst ihr, wozu die mich einteilen
wollen?!

Alle unisono

Neeeeee?

Jovian Kronosson

Das glaubt mir hier keiner!

Don Posse

Jawoll! Egal!

Hasse Dunkel

Gaaaanz unschööööön! Ich musste auch
schon auf dem - »Friedhof« - antreten,
und stellt euch vor: Ich mußte **Gräber**
ausschaufeln!
Gaaaanz schöööön unschöööön!!!

Hasse Dunkel schüttelt sich bei dem Gedanken

Sisyphos 3

Kann sich das Grinsen und die Schadenfreude nicht verkneifen

> Ha! Pech gehabt!
> Jetzt ist selber machen angesagt!

Schadenfreudig

> Der Karon macht's nicht mehr für dich!
> Der hat'n andern Job. Bei Lethe & Stücks.
> Jawoll! Verdient mehr in der Wäscherei
> als die paar lausigen Münzen für die
> Überfahrt in den Hades. Warst ja sowieso
> immer knauserig! Hast nie deine
> Stromrechnung bezahlt! Drum war's beim
> Hades immer so dunkel! Nicht war, Hasse
> Dunkel?! Und das Hundefutter für seine
> Töle Kerberos wird auch immer teurer!
> Da siehste's!

Hasse Dunkel

> Gaaaanz unschööön!

Jovian Kronosson

> Ich muss hier raus! ich bin schließlich ein
> Gott – na ja, lassen wir das!

Don Posse

> Jawoll!

Jovian Kronosson

> Kommt! Wir gehen Pizza essen!

Hasse Dunkel

> Schöööön!

Don Posse

> Wird auch Zeit!

*Bruch, bricht plötzlich aus, schwärmt, tanzt, gar nicht seine Art,
Singsang mit rauher Stimme.*

> Pizza marinaaaaaaraaaaa! e vongoleeeee
> vulvaaaataaaa marinaaaataaa.

Heike Herr

Wat?! **Pitt - Zah** ...? Wieder so'n neumodisches Zeug? Hasste sicher wieder von dieser Europa! Mode-Tussi!

Jovian Kronosson

Ungehalten

Ja! Pizza! Kam **nach** deiner Zeit!

Laut und demonstrativ zu Wessi Wello hinüber

Das ist so ein **spätrömischer** Teigfladen - mit dekadenter Garnitur.

Don Posse

Jawoll!

Jovian Kronosson

Kommt irre gut an bei den Germanen! Inzwischen auch nördlich des Limes![17] Jawoll!

Wieder zu allen

Ich lade euch ein! Ich hab' noch'n paar Drachmen!

Angelo Scheinmarck

Der zahlt?! Da komm ich auch mit!

Hasse Dunkel

Zum Liemeees!

Jovian Kronosson

Einladende Handbewegung zu allen

Parakaló!

Mit erhobener Faust

Jassu!

Alle

Jassu!

---

[17] Limes, Grenzwall der Römer in Germanien durch Rheinland-Pfalz, Hessen, Baden-Württemberg und Bayern.

Alle gehen ab, Zeus voran, bis auf Wessi Wello und Justus Proll.

Wessi Wello

Kopfschüttelnd, geht mit Werkzeugkasten, zu Justus Proll gewendet

Hab ich doch gesagt!
Spätrömische Dekadenz!

Black, kurze Pause, noch mal ganz kurz Licht

(Spot) auf Justus Proll, der auf einer Bank sitzen bleibt.

Justus Proll

Ins Dunkel hinter Wessi Wello her

WARMDUSCHER!

Bleibt regungslos sitzen

Black.

8. INTERMEZZO
Grundeinkommensrap

Band live, Auftritt der Musiker, Einlage, frei, Intro, elektrische Gitarre, Rapper mit Mikro, Improvisation für die Live-Band:

*Da **komm**ste auf die **Welt** -*
*und **rein** in die Ge**sell**schaft,*
*und die **has**te nicht ge**fragt**,*
*um die Ge**sell**schaft nicht ge**fragt**,*
*und auch **die** ham nicht ge**fragt**,*
*was du **ei**gentlich hier **willst**,*
*fangen **an** dich zu er**zieh**en,*
*und sie **zieh**en und sie **sto**ssen,*
*lauter **stie**re **Cho**sen,*
*und sie **wolln** dich bei den **Gro**ssen,*
*dabei **bis**te lieber **klein**,*
*kannste **mehr** du selber **sein**,*
*aber **geht** schon bald nicht **mehr**,*
*musste **Geld** verdienen,*
*denn **Geld** ist **all**es und viel **mehr***
***dreht** sich **alles** um die **Knete**,*
***fin**dest **dich** noch **knapp** beim **shop**pen*
*und Kon**sum** ist **geil** - ,*
***macht** so **Man**ches **wie**der **heil**,*
***denk**ste und hast **falsch** gedacht,*
***merk**ste aber **erst** -,*
*wenns **mal** so **rich**tig **kracht**, - -*
*und det **kracht** meist erst am **an**dren **En**de,*
*und zum **Glück** is ja der **Glo**bus **rund**,*
*und dat **sieh**ste nich **so** übern Hori**zont**...*
*Doch **wenn** de **Kne**te **aus**geht, **hör**stet **kra**chen -*
*in dem **eig**ne Portemo**naie**, und dann **tut** et richtig **weh**,*
*tut so **weh** und weckt die **Geis**ter...*
*doch die **Geis**ter, die ich **rief**,*
*werd ich **nun** nich wieder **los**,*
*und ich **weiß** nich wat ich **rief**,*
*und wie **werd** ich die nun **looos**:*
Frag doch **mal** den Sisi**phoooos**.....

9. SZENE
Wohnung Sissy Voss

Sissy in der Wohnung. Hantiert, Sissy hat eine Hornbrille auf, die Linsen sind am Wässern. Sie nimmt die Zeitung, setzt sich und liest.

Sissy liest etwas Tagesaktuelles aus der Zeitung

Sissy Voss

Also das ist ja mal wieder typisch:

<Zeitungstext lokal tages-aktuell>

Sisyphos 3 kommt aus der Pizzeria und will vom Arbeitsamt erzählen

Sissy nimmt schnell die Brille ab, versteckt sie, sieht jetzt nicht viel mit ihrer starken Kurzsichtigkeit, hält aber noch die Zeitung

Sisyphos 3

Hallo Sissy ...

Sissy Voss

Sieht verschwommen über die Zeitung hinweg

Hallo Sisyphos. Wie war's?

Sisyphos 3

War'n Haufen los, da auf dem Arbeitsamt.
Heute war's richtig spannend.
Stell dir vor, wen ich da getroffen hab.

Sissy Voss

Keine Ahnung. Wen denn?

Sisyphos 3

Das glaubt mir keiner!
Da war ein richtiger - eh - großer
Unternehmer, ein **paar** von denen -
und alle arbeitslos, stell Dir vor.

Sissy Voss

Oh je! Jetzt sind auch schon die
Unternehmer auf'm Arbeitsamt!
Da gibt's von denen wohl auch zu viele.

Sisyphos 3

Ja, ne ganze Gruppe.
Ein paar kannte ich sogar.

Sissy Voss

Du kennst Unternehmer?

Sisyphos 3

Ja, aber das ist eine andere Geschichte.
Erzähl' ich dir später mal. Die haben eine
interessante Sache erzählt.

Gibt's was Neues in der Zeitung?

Sissy Voss
Lässt etwas schreckhaft die Zeitung sinken

Neee - ist immer die selbe Leier ...
Aber, sag mal, was machen denn
Unternehmer auf'm Arbeitsamt? Die
können doch sicher von ihren
Abfindungen leben?!

Sisyphos 3

Ja, war ich auch überrascht.
Aber die waren von einer anderen - ähh -
Branche. Na ja.
Stell Dir vor, die hatten eine tolle Idee.
Sissy legt die Zeitung ganz weg, Sisyphos 3 geht auf und ab

Sissy Voss

Erzähl mal.

Sisyphos 3

Der Schovi nennt es:
Sein »Projekt Europa«.

Sissy Voss

Schovi? Klingt aber ziemlich nach Schovi.

Sisyphos 3

Er heißt eigentlich Jovian. Jovian
Kronosson, 'n alter Schwede mit
griechischen Wurzeln.

Sissy Voss

Ein alter Schwede - mit griechischen
Wurzeln - auf'm deutschen Arbeitsamt -
mit'm »Europäischen Projekt«. OK.
Ziemlich bunt! Ist der von der FDP?!

Sisyphos 3

Nee!

lacht

FDP, das ist eher der Hausmeister,
der redet wie die.

Schovi ist in Ordnung ...

für sich

...heute.
Also, stell dir vor - Das Projekt:
Alle haben ein Grundeinkommen,
einfach alle und ganz ohne Bedingungen.

Sissy Voss

Ein richtiges Grundeinkommen? Und
wirklich alle? Einfach so? Lustig!

lacht

- Dann ist ja das Arbeitsamt arbeitslos!

Beide lachen. Sisyphos 3 geht weiter auf und ab

Sisyphos 3

Stimmt. Hab ich noch gar nicht dran
gedacht. Und die können dann nicht mal
mehr Hartz 5 genießen.

Sissy Voss
ironisch

Ha'm die aber was verpaßt!

Sisyphos 3

Ja, aber der Witz dabei ist, du kannst dann wirklich **das** arbeiten, was du **selber** willst, und nicht nur das, was du musst wegen der Miete und so.

Sissy Voss

Ja gut. Und wer bezahlt das, wenn jeder einfach so sein Grundeinkommen kriegt?

Sisyphos 3

Ist alles geregelt.

entschieden

Und dann ist **Schluß mit Sisyphos**!

Sissy Voss

erstaunt

Wie meinst du das?

Sisyphos gibt seine Rolle als Sisyphos schon mal symbolisch auf, und legt den Namen Sisyphos endgültig ab, steht vor Sissy

Sisyphos 3

Feierlich

Sissy?

Sissy Voss

Ja?

Sisyphos 3

Darf ich Dich was fragen?

Sissy Voss

Ja!

Sisyphos 3 kramt in der Hosentasche, holt eine Schachtel mit dem Ring heraus, fällt ganz mittelalterlich auf ein Knie, öffnet die Schachtel hin zu Sissy

Sisyphos 3

Sissy?

Sissy Voss
Beugt sich nahe an die Schachtel, um besser zu sehen. Zwischen Erstaunen, Freude und Verwirrung

Aber Sisyphos! das ...

Sisyphos 3

Psst! Nicht mehr Sisyphos! Sisyphos ist vorbei! Aus! Endgültig!

Pathetisch, auf einem Knie

Darf ich **Deinen** Namen annehmen?!

Sissy Voss

Aber Sisyph ...?

Verwirrt

Wie soll ich Dich denn jetzt nennen?

Sisyphos 3

Nenne mich einfach - ehh - Siegfried! Siegfried VOSS!

Sissy Voss
Erst verwirrt, dann strahlt Sissy

Siegfried?

Siegfried Voss

Siegfried!

Sissy nimmt den Ring, steckt ihn an

Sissy Voss
Schwärmerisch

Siegfried!

Schlagzeug setzt ein
Sie umarmen sich, dann fast tänzerisch rhythmisch

Siegfried Voss

Und dann haben wir jeder unser Grundeinkommen.

Sissy Voss

Und unsere Kinder haben auch ein Grundeinkommen.

In Erinnerung, verträumt

> Und ich kann endlich meine Erfindung machen, die mir damals am Berg eingefallen ist.

Schlagzeug bricht ab

Sissy Voss

> Was? - Wo?!

Siegfried Voss

> Ach - nur so - egal.

Sissy Voss

Stolz und pathetisch

> Siegfried und Sissy Voss!

Siegfried Voss

Mit viel Gefühl

> Sissy! Ich liebe ...

stockt, heftig

> **Sissy**!?

Sissy Voss

Erschrickt, verwirrt

> Ja? - Was?

Siegfried Voss

> Wieso?! - hast du -
> **braune Augen**?!

Sissy Voss

Unschuldig mit großem leeren Blick

> Augen? Ehh - ja. Wollt' ich - dir schon lange sagen. Und ...
> Jetzt - hab ich die Linsen vergessen.

Siegfried Voss

> Linsen?! - Das Augenblau!!! - Das waren LINSEN!?

Sissy Voss
Kleinlaut mit großen Augen

Ja. - Linsen ...

Siegfried Voss
Verwirrt

Linsen - blau ?

Sissy Voss

Ja.

Siegfried Voss
Versucht sich zu erholen

Laß Dich anschauen!
Schaut Sissy tief in die braunen Augen

Du hast - - - schöne – Augen
- auch in braun! - Egal!
Geheimnisvoll

- Sissy?

Sissy Voss
tonlos gehaucht

Ja?

Siegfried Voss

- Ich liebe Dich!

Black!

Langsam Licht auf Sisyphos 1 rechts, geht nahtlos in den Abgesang über.

ABGESANG

Schluss-Song, Intro.

Dazu treten alle Protagonisten mit Krone in gedämpftem Licht auf. Poppige Einleitung, rechts macht Sisyphos 1 mit vollem Licht den Anfang zum Abgesang.

Sisyphos 1

Ja, meine Lieben! Das ist jetzt irgendwie genug Theater! Und ich bin ganz zurück aus dem Jenseits. Das hat so seine Vorzüge, hier zu sein, wieder ganz auf meiner Erde - unserer Erde.
Einst war ich der Grund für die Sisyphosarbeit. Warum soll ich nicht der Grund für ihre Auflösung sein?

Ja - und heute - bin ich wieder ein König.

Zeigt auf ehem. Sisyphos 3, jetzt Siegfried Voss, der strahlend seine Krone trägt.

Ich hab sogar wieder Land. Es ist genau der Quadratmeter, auf dem ich stehe. Das ist nicht viel, sagt ihr? Oh, das täuscht. Mein Land ist immer da, wo ich gerade stehe. Und das wechselt natürlich ständig. Mit jedem Schritt ein neuer Quadratmeter. Dann ist das auf die Dauer sogar ziemlich viel Land. Ich frage euch: Auf wie viel Quadratmetern könnt ihr gleichzeitig stehen? Nun? Seht ihr? Man braucht nur einen, und den nehm' ich immer mit, so zu sagen: Meinen Grund.

Licht von Sisyphos 1 langsam fade bis Siegfried Voss. Licht von Siegfried Voss blendet dazu bis ins Volle auf (Kreuzblende).

Ich bin immer da, wo mein Grund ist, oder umgekehrt. Und da, wo ich nicht mehr bin, ist das Land wieder frei für alle.

Sisyphos 1 wird dunkel, verschwindet und geht quasi über in Siegfried Voss, jetzt voll im Licht mit Krone

Musik entwickelt sich.

Siegfried Voss

> Und da, wo ich bin, ist es mein Land. Das ist total entspannt. Richtig toll. Jeder sein eigener König. Keiner muss mehr König des anderen sein.
>
> Probiert's mal aus.
> Irgendwie macht's Spaß.
>
> Darf ich mich vorstellen?

Verbeugung

> Mein Name ist - Siegfried Voss.

Schluss-Song, Intro. - Finale.

> *Mit verteilten Stimmen:*

Siegfried Voss

> Alles hat einmal ein Ende,
> auch die Ewigkeit,
> Sisyphos ist nun Legende,
> bis in die Ewigkeit.
> Seine Arbeit ist vorüber,
> Maschinen könn'n sie machen;
> wir geh'n zum richt'gen Leben über;
> da gibt es viel zu Lachen!

Alle   Ha ha hahaa ha

> Der Ernst, der niemals sterben wollte,

Alle   Ha ha hahaa ha

> der Ernst des Lebens einst genannt,

Alle   Ha ha hahaa ha

> der hat jetzt ausgedient, erledigt,
> da lacht so manch Gesicht im Land,

Alle   Ha ha hahaa ha

Sissy Voss

Und die, die nur noch Wohlstand haben,
statt sinnlos Boni z'scheffeln,
die können jetzt sich göttlich laben,
und Lebensfreude löffeln!

Bedingungslosigkeit ist Leben,
und Leben ist bedingungslos,
ein Grundeinkommen ist für jeden,
so werden wir die Armut los.

Ein jeder hat sein Königsrecht
auf eine Existenz mit Würde,
es ist genug für alle da,
da gibt es keine Hürde.

Jovian Kronosson

Die Maskerade ist zu Ende,
das Spiel der Götter ist jetzt aus,
und nehmt sie fest in beide Hände,
nehmt eure Krone mit nach Haus:

Alle

Jeder ein König, jede eine Königin,
das ist die Gegenwart, das ist Neubeginn!

Sissy Voss

Jeder ein König, jede eine Königin,
Tragt eure Krone, tagein und tagaus,
euer Geburtsrecht, von Anfang an.
Was Götter und Menschen euch angetan?
Das hat Sisyphos für alle erledigt,
das ist **Geschichte**
und wird nicht mehr gepredigt.

Siegfried Voss winkt, geht mit Sissy ab, alle winken ihnen nach.

Coda.

Alle

Alles, was wahr ist,
war schon immer wahr,
alles, was Du suchtest,
war schon immer da.
Bedingungslosigkeit ist Leben,
und Leben ist bedingungslos.
Jeder ein König, ----
jede eine Königin, ----
erkenne Dich selbst! ---
Das ist die Gegenwart! ----
Das - - ist - - Neu - - be - - ginn!

Tanzen

Schlußakkord - verbeugen

Musikausklang

ev. Kronen verteilen an alle im Publikum.

ENDE

INHALT

BIBLIOGRAPHIE

Bücher, die bei der Übersetzung der hier empfangenen Inspirationen behilflich waren, und die zum Lesen empfohlen werden.

☞ *Jean Gebser, Ursprung und Gegenwart, Deutsche Verlags Anstalt, Stuttgart 1953*

☞ *Jean Gebser, Lorca oder das Reich der Mütter, Novalis Verlag AG, Schaffhausen, 1975*

☞ *Albert Camus, Mythos des Sisyphos, Rowohlt Verlag GmbH, Hamburg 1999*

☞ *Gustav Schwab, Sagen des klassischen Altertums, Droemer Knaur*

☞ *Stephen Hawking, Das Universum in der Nußschale, Hoffmann und Campe Verlag*

☞ *Peter Bamm, An den Küsten des Lichts, Kösel-Verlag München*

☞ *Jean Charon, Der Geist in der Materie, Paul Zsolnay Verlag, Wien 1979*

☞ *P. Teilhard de Chardin, Der Mensch im Kosmos, Verlag C. H. Beck, München 1959*

☞ *John Briggs × F. David Peat, Die Entdeckung des Chaos, Carl Hanser Verlag, München*

☞ *u.v.a.*

PROGRAMMINFORMATIONEN

Gedanken zum mythologischen Hintergrund

In der griechischen Mythologie gibt es für mich drei Protagonisten, die herausragen.

- Ödipus
- Odysseus
- Sisyphos

Alle drei sind Archetypen für tiefwurzelnde Menschheitsthemen. Alle drei gehen ihre Thematik mit großem Mut bis zum bitteren oder erlösenden Ende durch. Alle drei durchleben aktuelle Seelenthemen, und sind in diesem Sinne absolut Heutige.

Da ist zuerst Ödipus, der mit allem Eifer das ihm vorhergesagte zu verhindern suchte und gerade dadurch den Lauf des Schicksals vollzog. Die Tragödie, die sich vielfältig durch die griechische Mythologie zieht, scheint durch die Prophezeiung zu erstehen. Die Tragödie entsteht dadurch, dass der Mensch die Zukunft als Vorhersage kennt - oder zu kennen glaubt - und sie zu vermeiden sucht. Und gerade durch das Vermeiden-Wollen der Vorhersage wird das eben so vorhergesagte Schicksal besiegelt.

So erschlägt Ödipus als Sehender blind seinen Vater, heiratet seine Mutter, ebenso blind, weil unwissend, und kann erst als Blinder (er nahm sich aus Verzweiflung das Augenlicht) am Ende aller Schuld zum Sehenden werden. Hier Endet die Tragödie hinter der Talsohle in Erkenntnis und Erlösung.

Da ist Odysseus, der Sohn des Sisyphos, der den zehnjährigen Krieg um Troja mit seiner Intelligenz entscheidet (das trojanische Pferd), und der darauf weitere zehn Jahre auf dem Meer der Seele herum irren soll, um eben diese menschliche Seele durch alle Fährnisse bis in die Abgründe von Skylla und Charybdes zu erfahren. Auch hier am Ende die Erlösung, seine Heimkehr nach Ithaka, Meisterung der letzten Herausforderungen und Vereinigung mit seiner Familie.

Sisyphos scheint dieser Erlösungsaspekt versagt zu sein, die ewige Verdammnis zu sinnloser Arbeit finde keine Auflösung.

Ich habe mich gefragt, ob hier die Überlieferung lückenhaft war. Darum hab ich mich bemüht, den möglichen Erlösungsweg heraus zu arbeiten, die Lücke zu finden, die jede Ewigkeit irgendwo verbirgt und so das Urteil der Götter sowie die Götter selbst zu durchleuchten.

So bleibt dem Sisyphos auch in den tiefsten Abgründen des Tartaros, der Strafabteilung der Unterwelt, noch die Möglichkeit der innersten Erkenntnis, der Wiedererweckung seines ursprünglich königlichen Seins in verwandelter Form, und damit das Aufsteigen durch die tiefsten Tiefen zurück oder vielleicht besser voran in die menschliche Welt.

Die Wurzel zu der notwendenden Erkenntnis liegt im Gewahrwerden der Bedingungslosigkeit, und zwar zuerst der Bedingungslosigkeit des Seins schlechthin. Daraus leitet sich unweigerlich die Bedingungslosigkeit des Lebens und des individuellen Lebens des Einzelnen ab. Diese Bedingungslosigkeit taucht immer wieder auch in den ältesten Schriften auf, da wo es Raum gibt, jenseits von Moral und Gewohntem, einen Ausblick auf die Wurzeln des Lebens zu erhaschen.

Mir ist es ein mehr als nur logischer Schluß, das diese Bedingungslosigkeit dem Menschen einen Grundstock für ein menschenwürdiges Leben bereit hält. So wird das bedingungslose Grundeinkommen zu etwas lange Vorhandenem. Die Erkenntnis des Sisyphos, dass sinnlose Arbeit abgelegt werden kann, dass Arbeit, die von außen auferlegt und nicht von innen gestützt wird, keine wirkliche Arbeit ist, schafft Raum für eine völlig neue Definition der Arbeit. Die Arbeit bekommt ihren Namen aus der Sinngebung heraus und nicht aus der einfachen Tatsache einer Beschäftigung, die den Menschen zeitlich bindet. Damit ist auch der Raum für das bedingungslose Grundeinkommen offen, welches die Arbeit im sinngebenden Rahmen fördert.

Sowohl Ödipus, Odysseus wie Sisyphos haben beispielhaft große seelische Themen für uns durchlebt. Wir dürfen darauf aufbauen und weiter gehen.

BISHER VOM AUTOR ERSCHIENEN

Nonna's Tafelrunde, Erzählung

Geschichte von Heimatlosigkeit, von Erlebtem und Erstorbenem, von versehentlichem Zeugen und Morden, vom Geheimnis des Runden und seinen Zwischenräumen.
Ein alljährliches Austernmahl wird ihr zum Verhängnis: Nonna, die madonnenhaft verehrte und doch so ferne Mutter. Sitzt sie auch der Tafelrunde gottgleich vor, so werden die Geschicke der großen Familie von den dienstbaren Geistern Certo und Mente geleitet, wobei sich die Fäden ihrer dunklen Vergangenheit immer tiefer in die Gegenwart hinein prägen. Pflichtbewußt und machthungrig betreuen sie Haus und Kinderschar, bis der jüngste unter den Söhnen aus der geheimnisumwitterten Atmosphäre der Kindheit Schlüsse zieht.
"Nonna's Tafelrunde", eine vielschichtige Erzählung um Liebe und Angst, Willkür, Sehnsüchte und das Geheimnis eines dunklen Kellers.

ISBN 978-3-7562-1274-3

Inject oder Seldwyla ist überall

Wie gehen Menschen mit der Macht um, die lange im Verborgenen lag, und die plötzlich spürbar wird? Es beginnt mit einem schrecklichen Erwachen. Und ein Ende wird erst zum Anfang... Mirella kommt von einem Seminar nicht mehr lebend zurück. Was kann Nanda von dem offenbaren, was Mirella mit in den Tod nahm? Vaclav´s alte Studentenliebe aus Amsterdam taucht wieder auf. Zusammen versuchen sie die immer verworrener werdenden Rätsel um Mirella´s Tod zu lösen. Zusammenhänge werden deutlich, die ihre schlimmsten Albträume übertreffen. Menschliche Tiefen und unmenschliche Machenschaften prallen aufeinander.

Sie geraten in ein Geflecht von Beziehungen und verborgenen Aktivitäten, von scheinbaren Fiktionen, die immer wirklicher werden und ihre Wurzeln tief in den Alltag schlagen. Hi-Tech, Implantate* und Mobilfunk werden zu unkontrollierbaren Fäden, die den Alltag zu durchziehen beginnen. Seldwyla ist überall. Mehr als ein Kriminalroman. Vielschichtig und auf allen Ebenen brisant.

ISBN 978-3-7562-1049-7

Geschichten der Welt

Prolog: Zugegeben, es ist ein etwas hochtrabender Titel. Man könnte fast meinen, es wäre ein Stück Geschichte der Welt. Doch das, was wir gemeinhin als Geschichte kennen, ist doch mehrheitlich die Sammlung von Daten, Kriegen und Katastrophen, Verzeichnisse von Macht und Unterdrückung oder Triumphe von Muskelprotzen und Demagogen. Die Geschichte handelt mehr von der Bewegung der Massen, und kaum vom Maß des Einzelnen. Und doch, so meine ich, spielt sich die eigentliche Geschichte der Menschen in den Geschichten ab, die Einzelne erleben, die Geschichten, die dem Alltag seine Muster und Farben geben, die die Töne des Miteinanders gestalten, und die das Werden der kleinen Freuden, des Schmunzelns, und der manchmal skurrilen Kleinigkeiten und Absurditäten zum großen Leben wachsen lassen.
In diesem Sinne sind die kleinen Geschichten Welt-Geschichten, und wer weiß, vielleicht bringen sie uns dem eigentlichen Verständnis unserer Geschichte ein kleines Stück näher. - und, sie dürfen weiter geschrieben werden. Dieser Band ist der Beginn einer wunderbaren Sammlung.

www.vonholt.ch